MAGNIFIKAT

Experiment Beten

Verlag Haus Altenberg
Butzon & Bercker

Ein Titelsatz für diese Publikation ist bei der Deutschen Bibliothek erhältlich.

Impressum

Magnifikat – Experiment Beten

Autor:	Joachim Kittel
Titelgestaltung:	Hermann Giesen, jugendhaus düsseldorf e.V.
Layout und Textsatz:	Der Grafik-Kraemer, Wesel
Druck:	Kösel Druck

1. Auflage 2006

ISBN 10: 3-7761-0158-X
ISBN 13: 978-3-7761-0158-4

butzon & bercker
ISBN 10: 3-7666-0826-6
ISBN 13: 978-3-7666-0826-0

Leider konnten wir trotz redlicher Bemühungen nicht in allen Fällen die Textrechte klären. Wir bitten deshalb die Betroffenen, sich mit dem Verlag in Verbindung zu setzen, damit nachträgliche Vereinbarungen getroffen werden können.

Lebensmodell Magnifikat

Das Magnifikat ist das Gebet der Maria, einer jungen Frau in Nazareth.
Es sind Worte, die tief aus dem Herzen kommen.
Es sind Worte der Offenheit für den unsichtbaren Gott, Worte, die von einer tiefen und bedrängenden Erfahrung berichten und davon, dass Maria in diesen Erfahrungen Gott begegnet ist.
Sie ist einem Gott begegnet, der so überraschend anders ist, der das Herz mit Freude erfüllt, der nicht mit den Reichen und Mächtigen paktiert, sondern die Menschen kennt, denen es schlecht geht.

Sie ist Gott begegnet, der ihre Sehnsucht erkannt hat und der ihren Hunger nach Angenommensein und Liebe gestillt und erfüllt hat – mit sich selbst – mit seiner Liebe.

Sie ist Gott begegnet, der ihr geholfen hat, der Wahrheit ihres Lebens zu trauen, der ihr einen ungetrübten Blick für die Wirklichkeit schenkte, der ihr Mut machte, den Weg ihres Sohnes zu begleiten – hinein in die tiefste Nacht am Kreuz – hindurch zur Auferstehung am Ostermorgen und mittendrin, als am Pfingsttag die Kirche durch den Heiligen Geist entstand.

Magnifikat, dieses Gebet ist immer jung, es berichtet davon, dass jeder und jede von uns Gott begegnen kann und es ist ein Lebensmodell:

Gott lieben,

- mit allem, was ich habe,
- wo immer ich bin.
- Gott danken aus meiner innersten Mitte
- und für Gott und die Mitmenschen handeln, damit die Welt sich zum Guten verändert.

Das Büchlein will dir eine Hilfe sein, die Anregungen aus dem Magnifikat in dein Leben zu übersetzen.
Wer wie Maria Gott in sein Leben hineinlässt, wer zulässt, dass er Tipps gibt, der lebt intensiv – garantiert!
Das Leben ist dann mehr als Spaß, Event und Kick,
es ist Beziehung in allen Facetten,
Beziehung zu Freundinnen und Freunden,
Beziehung zur Natur und Mitgeschöpfen,
Beziehung zu mir selbst,
zu meinen Gefühlen,
zu meiner Sehnsucht.
Und es ist Beziehung zu Gott, der allein meine Sehnsucht zu stillen vermag.
Diese Erfahrung wünsche ich allen, die sich durch dieses Buch anregen lassen zum täglichen Beten.

Amoltern am Kaiserstuhl, Pfingsten 2006
Joachim Kittel

Wie geht das – Beten? – Spüre dein Leben

Im Grunde ist Beten nicht kompliziert, sondern einfach.

Wenn ich ahnen kann, dass es einen Gott gibt, der mich ganz persönlich kennt und der weiß, wie mein Leben gelingen kann und zum erfüllten Leben werden kann, heißt Beten, Gott mitteilen, was ich in meinem Leben spüre. Meine Freude, meine Sorgen oder noch etwas genauer, meine Gefühle aussprechen. Wo ich mich spüre, wo ich mit meinen Gefühlen in Kontakt bin, da bin ich lebendig, da ist Leben. Und wo Leben ist, da ist Gott. Nicht immer ist es leicht, mir über meine Gefühle klar zu werden. Ich muss mir Zeit nehmen, wahrnehmen, welches Gefühl mich gerade bestimmt. Die Bandbreite ist so vielfältig wie mein Leben: Liebe, Freude, Lust, aber auch Angst, Traurigkeit, Wut und Verzweiflung. Egal, was ich spüre, vor Gott brauche ich nichts zu beschönigen. Ich kann es ihm sagen, meine Gefühle zur Sprache bringen. Beten, das heißt dann einfach, Gott mein Herz ausschütten.

Jeder Augenblick, in dem ich auf diese Weise betend mein Leben spüre, wird ein Moment sein, der mein Leben verändert und bereichert.

Einige Hinweise zum Umgang mit dem Büchlein

Bevor du mit dem Büchlein zu beten beginnst, nimm dir ein paar Minuten Zeit, um folgende Vorschläge zu lesen und darüber nachzudenken.

Das Buch möchte dir helfen, dein tägliches Gebet zu gestalten. Es ist bewusst sehr offen gehalten und enthält lediglich Impulse und einen Vorschlag, wie du ein Morgengebet oder Abendgebet gestalten kannst. Es kommt dabei sehr auf dich selbst an, wie du mit den vorgeschlagenen Texten und Impulsen zum Nachdenken umgehst.
Das Buch ist in vier Wochen gegliedert. Wenn du die vierte Woche beendet hast, kannst du wieder mit der ersten Woche beginnen. Weil sich unser Leben ständig verändert, wird das erneute Lesen wieder neue Akzente setzen, vielleicht sind jetzt andere Texte wichtiger oder neue Erfahrungen helfen dir einen Text neu zu verstehen.

Einleitungstext

Die einzelnen Tage sind eingeleitet durch einen Text, der dich anregen möchte, über Gott nachzudenken. Diese Texte sind „zum-Immer-Wieder-Lesen“, können aber nach einer gewissen Zeit auch übersprungen werden.

Biblisch glauben

Was wir von Gott wissen und glauben, haben wir zuerst durch die Bibel erfahren. Die Bibel erzählt uns die Geschichte Gottes mit den Menschen. Diese Geschichte hat für Christen einen Namen: Jesus von Nazareth. In seinem Reden und Handeln erzählt uns Gott etwas über sich und seine Beziehung zu den Menschen.
Auch wenn die Texte oft schon sehr alt sind, ist die Bibel ein aktuelles Buch. Du darfst das Wort Gottes auch auf deine ganz konkrete Lebenssituation beziehen, darfst dich fragen, was die dort geschilderten Erfahrungen und Begebenheiten mit dir, mit deinem Leben zu tun haben. Wenn du auf diese Weise die Bibel liest, wirst du Gott begegnen.

Die Bibel lesen und erfahren

Hilfreich kann es sein, wenn du dich beim Lesen eines Textes in die geschilderte Situation hineinversetzt, dir mit Fantasie die Szene vorstellst und ausmalst. Dabei sind deiner Kreativität keine Grenzen gesetzt. Du kannst zum Begleiter werden, der zu den handelnden Person hinzutritt, zuhört, zuschaut und sich in die Gefühle hineinversetzt, du kannst dich mit einer der handelnden Personen identifizieren und aus ihrer Perspektive Fragen stellen, Antworten suchen.
Wenn du dich so auf die Bibel einlässt, wirst du spüren, dass dieses Buch ein lebendiges Buch ist, das dir Antworten auf Fragen geben kann, die konkret dein Leben betreffen.

Angegebene Bibelstellen

Zu jedem Tag ist eine Bibelstelle abgedruckt und die Bibelstelle angegeben. Außerdem wid auf weitere Texte verwiesen, die du in deiner Bibel nachschlagen kannst.

Nachdenklich glauben

Neben den biblischen Texten gibt es zu jedem Tag zwei Texte von Christinnen und Christen, die über den Glauben nachgedacht und ihre Gedanken zu Papier gebracht haben. Manche Aussage wird dir vielleicht fremd oder sperrig erscheinen. Diese Texte wollen immer wieder zum Denken anregen. Glaube ist nicht nur ein Gefühl. Glaube heißt, dass ich mit meinem Herzen und meinem Verstand zu Gott Ja sage.

Leben spüren

Unter der Rubrik „Leben spüren" findest du Impulse, die dir Anregung geben wollen, dein Leben intensiv wahrzunehmen und zu reflektieren. Es ist für ein wirklich intensives Leben wichtig, dass du deine Gefühle wahrnehmen lernst und darüber nachdenkst, was diese Gefühle für dich bedeuten.
Es ist allein deine Entscheidung, mit welchen Fragen du dich auseinander setzt. Sicher hast du auch eigene Fragen, über die du nachdenken möchtest.

Tägliches Beten – einige Tipps

- **Tägliches Gebet braucht einen Ort**

  Es ist sinnvoll, wenn du dir in deinem Zimmer einen Gebetsort gestaltest und bewahrst, vielleicht mit einem Symbol, das dich an Gott erinnert, einer Kerze ... deiner Fantasie sind keine Grenzen gesetzt.

- **Ein Tagebuch gestalten**

  Beim Beten kann man immer wieder Erfahrungen machen, die es wert sind, festgehalten zu werden. Es ist zuweilen sinnvoll, sich Notizen zu machen, Gefühle und Gedanken zu notieren oder Bilder zu zeichnen.

  Geeignet ist ein Heft oder Buch, das sich von einem Schulheft unterscheiden sollte. Beten ist etwas sehr Persönliches, deshalb ist es gut, das Buch sorgsam aufzubewahren.

- **Tägliches Beten braucht eine Struktur**

  Das Büchlein möchte dir eine Struktur aufzeigen, die du übernehmen kannst, die du aber auch nach deinen eigenen Bedürfnissen abändern und gestalten kannst.

  Wenn du beten willst, ist es sinnvoll, sich am Tag eine bestimmte Zeit frei zu halten. Nachfolgend findest du einen Vorschlag für morgens und für abends. Du musst selbst entscheiden wie viel und wie oft du beten willst. Beten heißt mit Gott in Beziehung zu stehen, mit Jesus eine Freundschaft zu pflegen. Dafür braucht es Raum und Zeit sowie einen festen Zeitpunkt, den du selbst nach deinen eigenen Bedürfnissen festlegen und gestalten kannst.

Vorschläge
morgens

begrüßen	Im Namen des Vater und des Sohnes und des Heiligen Geistes. Amen.
still werden	Mich selbst spüren, meinen Atem, meinen Körper, meine momentane Verfassung
auswählen	Meinen Bibeltext für den heutigen Tag oder einen Text aus „Nachdenklich glauben" auswählen.

lesen und nachdenken

Was spricht mich an?

bitten	Mein Tag liegt vor mir. Worum möchte ich Gott bitten? Für mich, für andere? Gebet: Vater unser im Himmel, geheiligt werde dein Name. Dein Reich komme. Dein Wille geschehe, wie im Himmel so auf Erden. Unser tägliches Brot gib uns heute. Und vergib uns unsere Schuld, wie auch wir vergeben unseren Schuldigern. Und führe uns nicht in Versuchung, sondern erlöse uns von dem Bösen. Amen.
aufbrechen	Segensgebet des betreffenden Tages

abends

begrüßen	Im Namen des Vaters und des Sohnes und des Heiligen Geistes. Amen.
still werden	Mich selbst spüren, meinen Atem, meinen Körper, meine momentane Verfassung
zurückschauen	Was habe ich heute erlebt? Was geht mir nach? Was fällt mir ein? Was spüre ich? Welche Gefühle sind da? Kann ich sie benennen?
loslassen	
danken	
bitten	Ich lege alles, was ich erlebt habe, in Gottes Hand.
beten und danken	

Magnifikat

Meine Seele preist die Größe des Herrn, und mein Geist jubelt über Gott, meinen Retter. Denn auf die Niedrigkeit Seiner Magd hat Er geschaut. Siehe, von nun an preisen mich selig alle Geschlechter! Denn der Mächtige hat Großes an mir getan, und Sein Name ist heilig. Er erbarmt sich von Geschlecht zu Geschlecht, über alle, die ihn fürchten. Er vollbringt mit Seinem Arm machtvolle Taten, Er zerstreut, die im Herzen voll Hochmut sind. Er stürzt die Mächtigen vom Thron und erhöht die Niedrigen. Die Hungernden beschenkt Er mit Seinen Gaben und läßt die Reichen leer ausgehen. Er nimmt sich Seines Knechtes Israel an und denkt an Sein Erbarmen, das Er unsern Vätern verheißen hat, Abraham und seinen Nachkommen auf ewig. Ehre sei dem Vater und dem Sohn und dem Heiligen Geist, wie es war im Anfang, so auch jetzt und alle Zeit und in Ewigkeit! Amen.

beschließen   Segensgebet

MEINE SEELE PREIST DIE GRÖSSE DES HERRN UND MEIN GEIST JUBELT ÜBER GOTT, MEINEN RETTER.
DENN AUF DIE NIEDRIGKEIT SEINER MAGD HAT ER GESCHAUT. SIEHE, VON NUN AN PREISEN MICH SELIG ALLE GESCHLECHTER.

WER bist du gott?

Manche Menschen sagen Gott und meinen ein höheres Wesen, eine Quelle der Energie, die alles bestimmende Kraft. Wenn Christen Gott sagen, reden sie von Gott, der Liebe ist. Gottes Liebe hat in seinem Sohn Jesus Christus ein menschliches Gesicht. In seinem Reden und Tun wird deutlich, dass Gott jeden Menschen bedingungslos liebt.

Am Anfang meiner Beziehung zu Gott steht keine Forderung nach bloßem Befolgen von Geboten oder religiösen Normen.

Am Anfang meiner Beziehung zu Gott steht seine Liebe, der ich mein Leben verdanke.

Gottes Liebe zu mir meint nicht zuerst meine Leistungsfähigkeit oder mein Können.

Gottes Liebe meint mich, einmalig, unverwechselbar, aller Liebe wert.

Gott berührt liebevoll von der ersten Sekunde meiner Entstehung an meine innerste Mitte. Ich bin eine einmalige Idee seiner Liebe.

Biblisch glauben

Liebe Brüder und Schwestern, wir wollen einander lieben; denn die Liebe ist aus Gott, und jeder, der liebt, stammt von Gott und erkennt Gott. Wer nicht liebt, hat Gott nicht erkannt; denn Gott ist die Liebe. Die Liebe Gottes wurde unter uns dadurch offenbart, dass Gott seinen einzigen Sohn in die Welt gesandt hat, damit wir durch ihn leben. Nicht darin besteht die Liebe, dass wir Gott geliebt haben, sondern dass er uns geliebt und seinen Sohn als Sühne für unsere Sünden gesandt hat. Liebe Brüder, wenn Gott uns so geliebt hat, müssen auch wir einander lieben.
Niemand hat Gott je geschaut; wenn wir einander lieben, bleibt Gott in uns, und seine Liebe ist in uns vollendet. Daran erkennen wir, dass wir in ihm bleiben und er in uns bleibt: Er hat uns von seinem Geist gegeben. Wir haben gesehen und bezeugen, dass der Vater den Sohn gesandt hat als den Retter der Welt. Wer bekennt, dass Jesus der Sohn Gottes ist, in dem bleibt Gott, und er bleibt in Gott. Wir haben die Liebe, die Gott zu uns hat, erkannt und gläubig angenommen.

1 Johannesbrief 4,7-16a

weitere Bibelstellen: 1 Johannesbrief 4,16b-21; 2 Korintherbrief 13,11-13

Nachdenklich glauben

Gott ist mehr
als eine Quelle der Energie,
als eine unpersönliche Kraft im Universum
Gott ist ein Du.
Gott kann ich mich in meinem Beten anvertrauen,
mit ihm sprechen
wie mit einem Freund
mein Herz ausschütten
mein Leben erzählen
meine Freiheit spüren.
Gott zwingt mich nicht,
er wirbt um mich
um meine freie Antwort
für ein Leben in Fülle.

Wenn ich jetzt nicht die Hoffnung vorlebe,
jetzt die Liebe nicht in meiner Liebe bezeuge,
dann ist Gott dort verdunkelt,
wo er hell sein könnte;
der Anruf verschwiegen,
wo er verlauten könnte;
das Angebot der Erlösung verdeckt,
wo er sich mitteilen könnte.

Klaus Hemmerle

Leben spüren

Versuche heute dein Leben ganz in Gottes Hand zu legen, mit ganzem Herzen dich an Gott festzumachen.
Vertraue darauf, dass er mit seiner Liebe da ist, dich umsorgt und deinen Weg begleitet.
Achte beim Tagesrückblick auf die Begegnungen und Ereignisse des heutigen Tages. Welche Erfahrungen haben dich berührt?

Segensgebet

Guter Gott,

deine Liebe erfülle meinen Tag,
deine Liebe gebe mir Mut ich selbst zu sein,
deine Liebe öffne mein Herz für andere,
deine Liebe werde mir zum Segen, bitte segne mich guter Gott, Vater, Sohn und Heiliger Geist.
Amen.

Die Schöpfungserzählungen der Bibel sind keine historischen Schilderungen der Erschaffung der Welt. Die Menschen, die diese Geschichten aufgeschrieben haben, orientierten sich an Erzählungen anderer Völker, die sich Gedanken gemacht haben über ihre Herkunft und über die Entstehung der Welt.
Das Entscheidende dieser Erzählungen ist nicht die Aussage, wie Gott die Welt erschaffen hat, sondern die tiefe Gewissheit und der Glaube, dass alles, was lebt und existiert, von Gott ins Dasein gerufen wurde. Wenn Christen Gott sagen, reden sie von Gott, dem Schöpfer des Himmels und der Erde.
Wenn ich durch die Natur gehe und die unglaubliche Vielfalt und Schönheit der Pflanzen und Tiere, die atemberaubende Schönheit von Landschaften, Bergen, Seen und Meeren auf mich wirken lasse, bekomme ich eine Ahnung davon, warum es Menschen schon immer ein Anliegen war, über den Ursprung von allem nachzudenken. Wer hat das gemacht? Wer steht hinter allem? Der christliche Glaube gibt eine Antwort: Gott, der in seiner Schöpfung Spuren seiner Liebe hinterlassen hat.
Ich kann diese Spuren der Liebe entdecken, wenn ich mit offenem Herzen und offenen Augen durch die Welt gehe.

Biblisch glauben

Herr, unser Herrscher, wie gewaltig ist dein Name auf der ganzen Erde; über den Himmel breitest du deine Hoheit aus.
Aus dem Mund der Kinder und Säuglinge schaffst du dir Lob, deinen Gegnern zum Trotz; deine Feinde und Widersacher müssen verstummen.
Seh' ich den Himmel, das Werk deiner Finger, Mond und Sterne, die du befestigst:
Was ist der Mensch, dass du an ihn denkst, des Menschen Kind, dass du dich seiner annimmst?
Du hast ihn nur wenig geringer gemacht als Gott, hast ihn mit Herrlichkeit und Ehre gekrönt.
Du hast ihn als Herrscher eingesetzt über das Werk deiner Hände, hast ihm alles zu Füßen gelegt:
All die Schafe, Ziegen und Rinder und auch die wilden Tiere, die Vögel des Himmels und die Fische im Meer, alles, was auf den Pfaden der Meere dahinzieht.
Herr, unser Herrscher, wie gewaltig ist dein Name auf der ganzen Erde!

Psalm 8

Weitere Bibelstellen: Psalm 19; Römer 1,20

Nachdenklich glauben

Eine winzige Blume von irgendeinem wilden Wegrain, die Schale einer kleinen Muschel am Strand, die Feder eines Vogels – das alles verkündet dir, dass der Schöpfer ein Künstler ist.

Tertullian

Alles,
was lebt,
verdankt sich Gott
Er ist Ursprung
Anfang aller Dinge
Maß aller Dinge
Liebe in den Dingen
Mit offenen Augen
und wachem Herzen
entdecke ich
Spuren tiefer Freude
Spuren pulsierenden Lebens
Spuren unendlicher Liebe
Ich darf aus dem Vollen schöpfen,
Hoffnung schöpfen
meinem Schöpfer begegnen.

Leben spüren

Gehe hinaus in die Natur. Nimm dir etwas Zeit um die einzelnen Pflanzen näher zu betrachten. Was fällt dir auf? Kannst du glauben, dass Gott der Schöpfer dieser Pflanzen ist?

Nimm dir Zeit für einen Spaziergang durch die Natur. Versuche einfach da zu sein, ohne nachzudenken. Spüre die Luft, deinen Atem, nimm Gerüche wahr, werde aufmerksam für die vielen kleinen Dinge, die dich umgeben ... spürst du das Leben?

Segensgebet

Guter Gott,

ich will auf deine Spuren achten,
ich will deine Geschöpfe achten,
ich will mein Leben achten
Ich will mich heute beschenken lassen von dir,
bitte segne mich guter Gott,
Vater, Sohn und Heiliger Geist. Amen.

Der Gott der Christen ist dreieinig, ein Gott in drei Personen: Vater und Sohn und Heiliger Geist, die untereinander in lebendiger Beziehung stehen und doch in ihrer Liebe untrennbar eins sind.

Wenn Christen Gott sagen, dann glauben sie, dass dieser Gott nicht nur Beziehung schenkt, sondern selbst lebendige Beziehung ist.

Der Glaube an den dreieinen Gott unterscheidet das Christentum von allen anderen Weltreligionen.

Jesus hat seinen Jüngerinnen und Jüngern von seiner Beziehung zu seinem Vater erzählt. Immer wieder zog er sich zurück, um im Gebet in der Nähe seines Vaters zu sein.

Aus dieser Beziehung zum Vater hat er gelebt und hat seine Jüngerinnen und Jünger daran teilhaben lassen. Nach seinem Tod und seiner Auferweckung durch den Vater ist die Beziehung zu den Menschen nicht vorbei. Jetzt erst beginnt ein nie gekanntes Leben aus der Verbundenheit mit Gott, die Menschen, die an Jesus Christus glauben, empfangen den Heiligen Geist. Durch das Wirken des Heiligen Geistes ist Gott immer unter uns, bin auch ich hineingerufen in die göttliche Beziehung, in die lebendige Gemeinschaft von Vater, Sohn und Geist.

Biblisch glauben

Wie mich der Vater geliebt hat, so habe auch ich euch geliebt. Bleibt in meiner Liebe! Wenn ihr meine Gebote haltet, werdet ihr in meiner Liebe bleiben, so wie ich die Gebote meines Vaters gehalten habe und in seiner Liebe bleibe. Dies habe ich euch gesagt, damit meine Freude in euch ist und damit eure Freude vollkommen wird. Das ist mein Gebot: Liebt einander, so wie ich euch geliebt habe. Es gibt keine größere Liebe, als wenn einer sein Leben für seine Freunde hingibt. Ihr seid meine Freunde, wenn ihr tut, was ich euch auftrage. Ich nenne euch nicht mehr Knechte; denn der Knecht weiß nicht, was sein Herr tut. Vielmehr habe ich euch Freunde genannt; denn ich habe euch alles mitgeteilt, was ich von meinem Vater gehört habe. Nicht ihr habt mich erwählt, sondern ich habe euch erwählt und dazu bestimmt, dass ihr euch aufmacht und Frucht bringt und dass eure Frucht bleibt. Dann wird euch der Vater alles geben, um was ihr ihn in meinem Namen bittet.
Dies trage ich euch auf: Liebt einander!

Johannes 15,9-17

weitere Bibelstellen: Lukas 10,38-42; 1 Johannesbrief 3,19-24

Nachdenklich glauben

Dreieinig
Vater, Sohn und Heiliger Geist
göttliches Du
unendliche Nähe
sorgende Liebe
unerschöpfliche Güte
Beziehung
lebendige Gemeinschaft
um der Menschen willen

Gott selber ist anders. Er ist in sich lebendige Beziehung, er sagt von aller Ewigkeit her nie „ich", ohne „du" zu sagen. Er ist von allem Anfang an einer, der sich in sich selber verschenkt und überschreitet, ich und du. Er ist einer, der schenken und empfangen kann. Der Vater schenkt sich dem Sohn und empfängt sich vom Sohn im Geist. Schenken und empfangen, das ist der Rhythmus des göttlichen Selbstseins."

Klaus Hemmerle

Leben spüren

Achte heute besonders auf die Beziehungen, die dir wichtig sind. Welche Bedeutung haben diese Menschen für dich?

Blicke auf deine Beziehung zu Gott. Bist du entschieden auf deinem Weg oder gibt es Dinge, die dich zweifeln lassen? Welche Gefühle stellen sich ein, wenn du über diese Fragen nachdenkst?

Segensgebet

Guter Gott,

du bist Beziehung,
du bist Gemeinschaft,
du bist Liebe
Du Gott des Lebens segne mich,
Vater, Sohn und Heiliger Geist. Amen.

Wenn Christen Gott sagen, reden sie von Gott, der in seinem Sohn Jesus Christus Mensch wurde. Um die Erfahrungen Marias und die Ereignisse bei seiner Geburt wissen nur wenige Menschen. Schaut man auf das Leben von Jesus von Nazareth, gibt es kaum Hinweise auf seine tatsächliche Herkunft. Er lebt als Mensch unter Menschen. Er wächst in bescheidenen Verhältnissen auf und arbeitet in jungen Jahren als Zimmermann. Im Alter von 30 Jahren ändert sich das überraschend. Jesus sammelt Jüngerinnen und Jünger um sich und zieht mit ihnen umher. Er spricht vom Reich Gottes, das nahe ist. Sein Reden und Handeln fasziniert die Menschen. Hier ist einer, der nicht nur leere Worte spricht, sondern seinen Worten Taten folgen lässt. Seine Botschaft zielt nicht auf weltliche Macht oder Reichtum, er ist da um der Menschen willen. Er heilt Kranke, er wendet sich Ausgegrenzten zu und vergibt Sünden. Jesus lebt und handelt ganz aus der Beziehung zu seinem himmlischen Vater. Immer wieder zieht er sich zurück, um das Gespräch mit dem Vater zu suchen. Nach und nach wird den Jüngerinnen und Jüngern klar, dass Jesus der erhoffte Retter ist. Petrus fasst sich ein Herz und bringt das Unfassbare zur Sprache: „Du bist der Messias, der Sohn des lebendigen Gottes“. Petrus bringt zur Sprache, was er in seinem Innersten erfahren hat. Wo Jesus sich dem einzelnen Menschen zuwendet, handelt Gott selbst. Wo er Menschen durch seine Worte und seine Taten berührt, wird die Liebe Gottes erfahrbar. Diese Erfahrung steht allen offen, dir, mir und jedem Menschen, der glaubt, dass in Jesus Christus Gott Mensch geworden ist.

Biblisch glauben

Dankt dem Vater mit Freude! Er hat euch fähig gemacht, Anteil zu haben am Los der Heiligen, die im Licht sind. Er hat uns der Macht der Finsternis entrissen und aufgenommen in das Reich seines geliebten Sohnes. Durch ihn haben wir die Erlösung, die Vergebung der Sünden. Er ist das Ebenbild des unsichtbaren Gottes, der Erstgeborene der ganzen Schöpfung. Denn in ihm wurde alles erschaffen im Himmel und auf Erden, das Sichtbare und das Unsichtbare, Throne und Herrschaften, Mächte und Gewalten; alles ist durch ihn und auf ihn hin geschaffen. Er ist vor aller Schöpfung, in ihm hat alles Bestand. Er ist das Haupt des Leibes, der Leib aber ist die Kirche. Er ist der Ursprung, der Erstgeborene der Toten; so hat er in allem den Vorrang. Denn Gott wollte mit seiner ganzen Fülle in ihm wohnen, um durch ihn alles zu versöhnen. Alles im Himmel und auf Erden wollte er zu Christus führen, der Friede gestiftet hat am Kreuz durch sein Blut.

Kolosser 1,12-20

Weitere Bibelstellen: Lukas 2,1-14; Galater 4,4-7; Philipper 2,5-11.

Nachdenklich glauben

Jesus Christus

Sohn des himmlischen Vaters
Sohn des lebendigen Gottes

Gottes Sohn

Menschliche Begegnung
faszinierend
heilsam
wahrhaftig
aufrichtig
konsequent

Mensch unter uns
Mensch für andere
Mensch für mich

Gott mit uns

Öffnet die Tore weit für Christus.

Johannes Paul II.

Nachfolge – das heißt
Einem nachlaufen, der da ist,
mit einem gehen, der mitgeht,
und ihm dabei Augenblick für Augenblick
und Zentimeter für Zentimeter
die Führung überlassen.
Anders gewendet:
Christ sein heißt leben, mit einem, der lebt,
leben mit dem lebendigen Herrn.

Klaus Hemmerle

Leben spüren

Wohin zieht es dich, wonach sehnst du dich? Stehen Entscheidungen an, bei denen es wichtig sein könnte, diese Frage zu berücksichtigen? Gib deiner Sehnsucht heute Raum. Was tut dir gut? Sport, Musik hören, Freunde besuchen? Nimm dir Zeit für dich und tu dir etwas Gutes.

Segensgebet

Guter Gott,
Mensch geworden in Jesus,
Mensch geworden, um die Liebe zu leben,
Mensch geworden, um mein Freund zu werden.
Du Gott der Menschen segne meinen Tag und
meine Begegnungen, bitte segne mich
Vater, Sohn und Heiliger Geist. Amen.

Wenn Christen Gott sagen, reden sie von Jesus Christus, der in Jerusalem gekreuzigt wurde und nach drei Tagen auferweckt wurde.

Selbst in den schlimmsten Erfahrungen ist sein Blick nicht getrübt durch Hass oder Rachsucht. Jesus bittet seinen Vater um Vergebung für die Soldaten, die ihn ans Kreuz genagelt haben, denn sie ahnen nicht einmal , was sie tun.

An diesem Kreuz stirbt einer, der noch in seiner tiefsten körperlichen und seelischen Not einem Schwerverbrecher Leben verspricht.

Jesus macht am Kreuz die Erfahrung bitterster Verlassenheit und Einsamkeit. Und doch bleibt er auch in der dunkelsten Nacht seines Lebens sich und der Beziehung zu seinem Vater treu.

In Todesangst und grausamer Qual siegen nicht Verzweiflung und Hass, sondern allein die Liebe.

Durch Gottes Liebe entsteht Leben aus dem Tod. Der Vater holt seinen Sohn aus dem Tod. Die Jüngerinnen und Jünger erfahren, dass Jesus lebt. Maria Magdalena begegnet Jesus und berichtet als erste Zeugin das Unfassbare: Jesus lebt, er ist auferstanden. Das ist der Glaube aller Christinnen und Christen: Jesus Christus lebt, der Geist ist da, er lebt in mir und mit mir, jeden Augenblick meines Lebens.

Auch wenn mein leiblicher Tod unweigerlich auf mich zukommt, so gibt mir dieser Glaube an Tod und Auferstehung Jesu die Zuversicht, dass mein leiblicher Tod nicht das Ende, sondern der Beginn eines neuen, erfüllten Lebens ist. Der Tod ist überwunden, besiegt durch die Kraft der Liebe.

Biblisch glauben

Ich erinnere euch, Brüder, an das Evangelium, das ich euch verkündet habe. Ihr habt es angenommen; es ist der Grund, auf dem ihr steht. Durch dieses Evangelium werdet ihr gerettet, wenn ihr an dem Wortlaut festhaltet, den ich euch verkündet habe. Oder habt ihr den Glauben vielleicht unüberlegt angenommen? Denn vor allem habe ich euch überliefert, was auch ich empfangen habe: Christus ist für eure Sünden gestorben, gemäß der Schrift, und ist begraben worden. Er ist am dritten Tag auferweckt worden, gemäß der Schrift, und erschien dem Kephas, dann den Zwölf.

1 Korinther 15,1-5

Weitere Bibelstellen zur Auswahl: Markus 15,20b-39;Lukas 24,13-35; Lukas 24,36-48 oder wähle selbst einen Abschnitt aus den Erzählungen über Tod und Auferstehung Jesu: Matthäus 26-28; Markus 14-156; Lukas 22-24; Johannes 18-21.

Nachdenklich glauben

Gekreuzigt
tot
ende
aus
Auferweckt
unfassbarer Durchbruch ins Leben
Jesus lebt
sein Geist belebt
dich
mich
jeden Menschen
Der Tod ist tot
besiegt
durch die Kraft der Liebe

Ich wünsche uns Osteraugen,
die im Tod bis zum Leben,
in der Schuld bis zur Vergebung,
in der Trennung bis zur Einheit,
in den Wunden bis zur Herrlichkeit,
im Menschen bis zu Gott,
in Gott bis zum Menschen
im Ich bis zum Du
zu sehen vermögen.
Und dazu alle österliche Kraft.

Klaus Hemmerle

Leben spüren

Wie gehst du mit Leiderfahrungen um? Stellst du dich solchen Situationen? Suchst du das Gespräch über Erfahrungen, die dir zu schaffen machen?

Achte heute auf Momente, in denen du Leben spürst, in Begegnungen, bei Gesprächen, an der frischen Luft ...

Segensgebet

Guter Gott,

deine Liebe überwindet Grenzen,
deine Liebe sprengt die Fesseln des Todes,
deine Liebe erweckt zu neuem Leben.
Segne meinen Tag mit der Kraft deiner Liebe, bitte segne mich Vater, Sohn und Heiliger Geist. Amen.

Maria erfährt, dass Gott sie gnädig, d. h. voller Liebe wahrnimmt und ganz persönlich beachtet und sie zu etwas Einzigartigem beruft. Sie entscheidet sich für Gott und die Aufgabe, die er ihr übertragen will. Maria macht die Erfahrung, dass Gott es gut mit ihr meint. Sie singt voller Freude ihr Lied. Gott hat sie in ihrer innersten Mitte berührt und erfüllt. Er hat ihr Leben radikal verändert, sie wird Mutter. Durch seinen eigenen Sohn wird Gott allen Menschen sagen, dass er sie liebt.

Biblisch glauben

Im sechsten Monat wurde der Engel Gabriel von Gott in eine Stadt in Galiläa namens Nazaret zu einer Jungfrau gesandt. Sie war mit einem Mann namens Josef verlobt, der aus dem Haus David stammte. Der Name der Jungfrau war Maria. Der Engel trat bei ihr ein und sagte: Sei gegrüßt, du Begnadete, der Herr ist mit dir. Sie erschrak über die Anrede und überlegte, was dieser Gruß zu bedeuten habe. Da sagte der Engel zu ihr: Fürchte dich nicht, Maria; denn du hast bei Gott Gnade gefunden. Du wirst ein Kind empfangen, einen Sohn wirst du gebären: dem sollst du den Namen Jesus geben. Er wird groß sein und Sohn des Höchsten genannt werden. Gott, der Herr, wird ihm den Thron seines Vaters David geben. Er wird über das Haus Jakob in Ewigkeit herrschen und seine Herrschaft wird kein Ende haben. Maria sagte zu dem Engel: Wie soll das geschehen, da ich keinen Mann erkenne? Der Engel antwortete ihr: Der Heilige Geist wird über dich kommen und die Kraft des Höchsten wird dich überschatten. Deshalb wird auch das Kind heilig und Sohn Gottes genannt werden. Auch Elisabet, deine Verwandte, hat noch in ihrem Alter einen Sohn empfangen; obwohl sie als unfruchtbar galt, ist sie jetzt schon im sechsten Monat. Denn für Gott ist nichts unmöglich. Da sagte Maria: Ich bin die Magd des Herrn; mir geschehe, wie du es gesagt hast. Danach verließ sie der Engel.

Lukas 1,26-38

Weitere Bibelstelle: LK 1,39-45

Nachdenklich glauben

Gegrüßet seist du, Maria

Ja, ich grüße dich als Schwester. Nach langem Suchen, nach Fluchten und Irrwegen, nach Abgrenzung, Wut und Trauer entdecke ich dich das Magnifikat singend.

voll der Gnade

ich erkenne die starke, die selbstbewusste, Gerechtigkeit verlangende, im Glauben mutige junge Frau.

der Herr ist mit dir

aus dir strömt Kraft und Energie, die wir den Geist nennen. Für alle ist es bemerkbar. Wo du hergehst, erblüht das Leben, heißt es.

du bist gebenedeit unter den Frauen

das zeichnet dich aus unter den Frauen. Aufrecht gehst du, singend nennst du das Unrecht beim Namen und verkündest deine Hoffnung.

und gebenedeit ist die Frucht deines Leibes, Jesus

frei hast du dich entschieden für dieses Kind – auch ohne Vater, und in stolzer Freude begibst du dich zu Elisabet, nicht als demütige Magd, sondern als freie Frau.

Heilige Maria

freigelegt von Kitsch und Aberglauben, vom Prunk der Altäre und den Rührseligkeiten der Väter erkenne ich dich als heilig und stimme dein Lob an.

Mutter Gottes
als Mutter Jesu, der uns Befreiung bringt, indem er uns Gerechtigkeit lehrt, der ein Leben in Fülle, der das Gottesreich nicht auf später verschiebt, sondern seinen Anbruch verkündet. Den Beginn des Gottesreiches hast Du auf die Welt gebracht.

bitte für uns Sünder
deshalb geh mit uns, wenn wir an der Verwirklichung der Verheißungen deines Sohnes arbeiten, und hilf uns durchzuhalten.

jetzt und in der Stunde unseres Todes.
jetzt und bis zum Ende unseres irdischen Lebens.

Amen.

Eva Maria Zieberts

Leben spüren

Wenn du möchtest, bete heute ein Gesätz des Rosenkranzes. (siehe www.liturgie.de/Rosenkranz)

Rosenkranz beten heißt, mit Maria dem Leben Jesu nachspüren. Welche Gedanken stellen sich ein, wenn du den Rosenkranz betest?

oder nach dem Vorbild Marias in die Stille gehen:

Maria aber bewahrte alles, was geschehen war, in ihrem Herzen und dachte darüber nach. Lukas 2,20

Nimm dir heute Zeit, um still zu werden. In deinem Zimmer, in der freien Natur, wo immer du möchtest. Welche Gedanken und Gefühle beschäftigen dich?

Segensgebet

Guter Gott,

du meinst es gut mit Maria,
du meinst es gut mit jedem Menschen,
du meinst es gut mit mir!
Segne meinen Tag mit der Erfahrung, dass du es gut mit mir meinst, bitte segne mich Vater, Sohn und Heiliger Geist. Amen.

Gott berühren

Für viele Menschen ist der Sonntag ein arbeitsfreier Tag. Der Sonntag ist freie Zeit, bei der es sehr darauf ankommt, wie ich mit dieser freien Zeit umgehe.
Wenn ich den Mut habe, an diesem Tag Dinge zu tun, die mir Freude und Spaß machen, die ich in vollen Zügen genießen kann, wird mein Leben bunt.
Wenn Christinnen und Christen Sonntag sagen, meinen sie den ersten Tag der Woche, an dem Jesus Christus von den Toten auferstanden ist.
Der Sonntag ist der Tag ihres Miteinanders. Glauben geht nicht allein, Glauben braucht Gemeinschaft. Am Sonntag kann ich die Erfahrungen, die ich mit Gott mache, mit anderen Menschen teilen und erleben, dass ich nicht allein unterwegs bin. Ich darf mich durch die Botschaft Jesu ermutigen lassen, ihn berühren und im Zeichen von Brot und Wein ihn selbst erfahren. Das erlebe ich, wenn ich mit anderen Menschen Gottesdienst feiere. In der Eucharistiefeier berühre ich Gott und lasse mich von ihm berühren, der mein Leben wandeln und bunt machen will.

Biblisch glauben

Denn ich habe vom Herrn empfangen, was ich euch dann überliefert habe: Jesus, der Herr, nahm in der Nacht, in der er ausgeliefert wurde, Brot, sprach das Dankgebet, brach das Brot und sagte: Das ist mein Leib für euch. Tut dies zu meinem Gedächtnis! Ebenso nahm er nach dem Mahl den Kelch und sprach: Dieser Kelch ist der Neue Bund in meinem Blut. Tut dies, sooft ihr daraus trinkt, zu meinem Gedächtnis! Denn sooft ihr von diesem Brot esst und aus dem Kelch trinkt, verkündet ihr den Tod des Herrn, bis er kommt.

1 Korinther 11,23-26

Nachdenklich glauben

Eucharistie feiern
Gott hören
Gott berühren
Gott ergreifen
Miteinander
Füreinander
für die Welt
Zeichen sein
dankbar
Der Tod ist tot
besiegt
durch die Macht der Liebe
Gottes Lebenszeichen
Leib und Blut Jesu
Er unter uns
Wir in ihm
Er in mir

Leben spüren

Genieße diesen freien Tag. Gönne dir etwas. Zum Beispiel ein liebevoll zubereitetes Essen, einen Ausflug, einen Kinobesuch oder einfach Spiel und Spaß mit Freunden.

Vielleicht kennst du junge Menschen in deiner Umgebung, die den Glauben intensiver leben möchten. Der Sonntag bietet für gemeinsame Unternehmungen gute Möglichkeiten. Kannst du dir vorstellen die Initiative zu ergreifen, andere anzusprechen, miteinander den Gottesdienst zu besuchen, anschließend noch ein wenig zusammenzusitzen bei einer Tasse Tee oder Kaffee? Nur Mut! Glauben braucht Gemeinschaft!

DENN DER MÄCHTIGE HAT GROSSES AN MIR GETAN, UND SEIN NAME IST HEILIG. ER ERBARMT SICH VON GESCHLECHT ZU GESCHLECHT ÜBER ALLE, DIE IHN FÜRCHTEN.

WER bist du mensch?

Wenn Christen Gott sagen, reden sie von Gott, der jeden Menschen mit Namen ruft.

Es gehört zu den faszinierendsten Vorstellungen des jüdisch-christlichen Glaubens, dass Gott jeden Menschen, noch bevor er das Licht der Welt erblickt, bei seinem Namen ruft. Die Allmacht Gottes besteht nicht allein in seiner Fähigkeit Dinge zu tun, die Menschen nicht vermögen, sie besteht vor allem in seiner Fähigkeit, jedem Menschen eine ganz persönliche Beziehung anzubieten, die er in seiner innersten Mitte erfahren darf. Mein Name ist deshalb keine beliebige Aneinanderreihung von Buchstaben. Wenn ich bei meinem Namen gerufen werde, bin ich allein gemeint, das gilt ganz allgemein für mein Leben. Gott nennt mich beim Namen, ich bin nicht der Mensch mit Strichcode, der von Gott einfach abgescannt würde. Gott hat mich ins Herz geschlossen, er liebt mich und er ruft mich – ganz persönlich. Er ruft mich, ihm zu folgen und aus seiner Liebe zu leben.

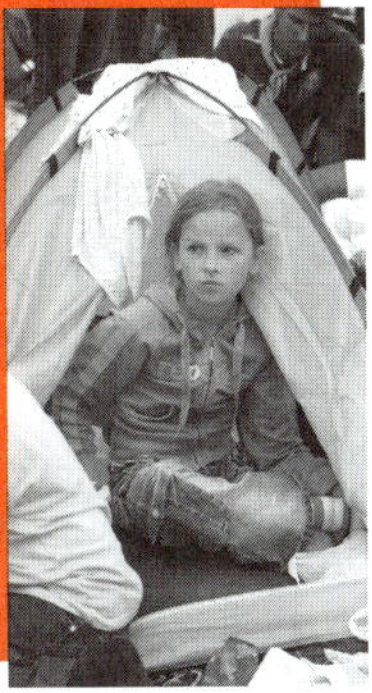

Biblisch glauben

Herr, du hast mich erforscht und du kennst mich. Ob ich sitze oder stehe, du weißt von mir. Von fern erkennst du meine Gedanken. Ob ich gehe oder ruhe, es ist dir bekannt; du bist vertraut mit all meinen Wegen. Noch liegt mir das Wort nicht auf der Zunge - du, Herr, kennst es bereits. Du umschließt mich von allen Seiten und legst deine Hand auf mich ... Denn du hast mein Inneres geschaffen, mich gewoben im Schoß meiner Mutter. Ich danke dir, daß du mich so wunderbar gestaltet hast. Ich weiß: Staunenswert sind deine Werke. Als ich geformt wurde im Dunkeln, / kunstvoll gewirkt in den Tiefen der Erde, waren meine Glieder dir nicht verborgen. Deine Augen sahen, wie ich entstand, in deinem Buch war schon alles verzeichnet; meine Tage waren schon gebildet, als noch keiner von ihnen da war.

Psalm 139

weitere Bibelstellen: Jesaja 49,1; Jesaja 43,1; Epheser 1,1-14; Epheser 4,1-6; Epheser 6,23-24

Nachdenklich glauben

Auf der Welt

Stimmen dringen an mein Ohr
flüstern meinen Namen
zunächst Laute bloß
allmählich
ganz allmählich
begreife ich
ich bin
nicht etwas
nicht jemand
ich bin
angesprochen
von je her
ich stehe
unverwechselbar
mit meinem Namen
im Buch des Lebens

Ich habe einen Platz in Gottes Plan,
auf Gottes Erde, den kein anderer hat.
Ob ich reich oder arm bin,
verachtet oder geehrt bei den Menschen
Gott kennt mich und ruft mich
bei meinem Namen.

John Henry Newman

Leben spüren

Wähle eine der vorgeschlagenen Übungen:

Achte heute bewusst darauf, was dich von anderen Menschen unterscheidet. Fällt dir das schwer? Oder ist dir das ohnehin wichtig? Welche Erfahrungen machst du?

Nimm dir Zeit und suche einen Ort, an dem sich viele Menschen begegnen. Was fällt dir auf? Was bewegt dich?

Beobachte heute bewusst, ob dich jemand mit deinem Namen anspricht. Welche Eindrücke/ Empfindungen hast du, wenn du deinen Namen hörst? Beachte auch den Tonfall!

Segensgebet

Guter Gott,

du liebst mich vom ersten Augenblick meines Lebens an,
du birgst mich in deiner Hand
du kennst meinen Namen, du kennst mich.
Segne diesen Tag mit einem Gespür für deine bergende
Liebe, bitte segne mich Vater, Sohn und Heiliger Geist. Amen.

Wenn Christen Gott sagen, reden sie von Gott, der jedem Menschen ganz unterschiedliche Begabungen schenkt.

Es gibt Dinge, die mir leicht von der Hand gehen, vielleicht musiziere ich gerne, schreibe gerne, besitze handwerkliches Geschick, kann gut zuhören oder bin in meinem Freundeskreis die Stimmungs-kanone. Diese Aufzählung könnte fortgesetzt werden. Alles Dinge, die ich mir nicht mühsam aneignen musste, sondern die eine Gabe, ein Geschenk an mich darstellen. Wichtig ist zunächst, dass ich erkenne, wo mir ein solches Geschenk zuteil wurde. Ich bin eine Idee Gottes, mit Begabungen und Fähigkeiten, die wichtig sind für mich und andere Menschen. Deshalb darf ich dieses Geschenk nicht für mich behalten wollen, sondern soll es verschwenden. Denn Gott hat mit meinen Begabungen und Fähigkeiten auch eine Idee für meine Mitmenschen und für seine Kirche.

Biblisch glauben

Es gibt verschiedene Gnadengaben, aber nur den einen Geist.
Es gibt verschiedene Dienste, aber nur den einen Herrn.
Es gibt verschiedene Kräfte, die wirken, aber nur den einen Gott: Er bewirkt alles in allen. Jedem aber wird die Offenbarung des Geistes geschenkt, damit sie anderen nützt.

Dem einen wird vom Geist die Gabe geschenkt, Weisheit mitzuteilen, dem andern durch den gleichen Geist die Gabe, Erkenntnis zu vermitteln, dem dritten im gleichen Geist Glaubenskraft, einem andern - immer in dem einen Geist -die Gabe, Krankheiten zu heilen, einem andern Wunderkräfte, einem andern prophetisches Reden, einem andern die Fähigkeit, die Geister zu unterscheiden, wieder einem andern verschiedene Arten von Zungenrede, einem andern schließlich die Gabe, sie zu deuten. Das alles bewirkt ein und derselbe Geist; einem jeden teilt er seine besondere Gabe zu, wie er will.

1 Korinther 12,4-11

weitere Bibelstellen: 2 Timotheus 1,6-10; Matthäus 25,14-30

Nachdenklich glauben

Stell dir vor,
du könntest für eine gewisse Zeit in die Haut eines anderen schlüpfen,
sein bewundernswertes Aussehen annehmen,
sein großartiges Wissen dein Eigen nennen,
seine Fähigkeiten einsetzen,
mit seinen Talenten wuchern,
mit seinem Blick die Welt betrachten
und wie von außen auf dich herabblicken ...
doch Vorsicht,
du könntest dabei neidisch auf dich werden!

Cäcilia Kittel

Leben spüren

Beobachte die Menschen, mit denen du den heutigen Tag verbringst. Welche Begabungen und Fähigkeiten fallen dir auf? Was empfindest du dabei?

Nimm dir etwas Zeit und denke darüber nach, wo deine Fähigkeiten und Begabungen liegen. Zu welchen Ergebnissen kommst du? Überrascht es dich? Kannst du dafür danken?

Segensgebet

Guter Gott,

ich möchte entdecken, was du mir gegeben hast,
ich möchte entfalten, was du in mich hineingelegt hast,
ich möchte leben aus deiner Liebe.
Segne diesen Tag mit Augenblicken der Aufmerksamkeit für deine Geschenke an mich,
bitte segne mich Vater, Sohn und Heiliger Geist. Amen.

Vielleicht träumst du von einem guten Job, von Geld ohne Ende, von Reisen in die schönsten Urlaubsgebiete. Vielleicht hast du auch das schon erlebt: Ein sehnlicher Wunsch ist endlich in Erfüllung gegangen, du hast nun endlich erreicht, was du schon immer wolltest und spürst doch eine innere Leere ...
In meinem täglichen Leben gibt es immer wieder Momente, in denen sich eine innere Leere breit macht, in denen ich eigentlich satt und doch innerlich hungrig bin, in denen ich spüre, dass mich das, was ich tue und habe, nicht wirklich erfüllt und glücklich macht. Es gibt verschiedene Möglichkeiten damit umzugehen. Ich kann mich betäuben mit allen möglichen Dingen oder ich kann wachsam werden für die Wirklichkeit Gottes, die sich in dieser Erfahrung andeutet. Es ist die Sehnsucht nach mehr, nach wirklicher Erfüllung in meinem menschlichen Leben, die sich hier meldet.
Meine tiefe innere Sehnsucht, kann ich weder durch Konsum noch durch Geld stillen.
Ich darf mich von Gott beschenken lassen. Er begleitet mich auf meinem Weg. Der Reichtum, den Gott mir schenkt, besteht nicht aus Geld und Besitz, sondern meint die gelingende Beziehung zu ihm, zu mir selbst und zu meinen Mitmenschen. Der Reichtum, den Gott schenkt, ist Lebendigkeit, die von innen kommt.

Biblisch glauben

Sammelt euch nicht Schätze hier auf der Erde, wo Motte und Wurm sie zerstören und wo Diebe einbrechen und sie stehlen, sondern sammelt euch Schätze im Himmel, wo weder Motte noch Wurm sie zerstören und keine Diebe einbrechen und sie stehlen. Denn wo dein Schatz ist, da ist auch dein Herz.

Matthäus 6,19-21

weitere Bibelstelle: Matthäus 6,24-33

Nachdenklich glauben

so reich waren wie nie wie heute
so habgierig aber waren wir auch nie wie heute
so viele kleider hatten wir nie wie heute
so ausgezogen so nackt aber
waren wir auch nie
wie heute

so satt waren wir nie wie heute
so unersättlich aber waren wir auch nie wie heute
so schöne häuser hatten wir nie wie heute
so unbehaust so heimatlos aber
waren wir nie
wie heute

so versichert waren wir nie wie heute
so unsicher aber waren wir auch nie wie heute
so viel zeit hatten wir nie wie heute
so gelangweilt aber waren wir auch nie wie heute

wilhelm willms

Gottes Geist
berührt
jeden Menschen
tief im Herzen
sanft
leise
behutsam
erinnert er mich
an den Reichtum
tief in mir
Heiliger Geist
Spur der Liebe Gottes
Ursprung meiner Sehnsucht
Grund meiner Hoffnung

Leben spüren

Was verbindest du mit dem Wort „reich"?
Welche Bedeutung hat Geld für dich?
Welche sehnlichen Wünsche hast du?

Segensgebet

Guter Gott,

ich wünsche mir Ansehen,
ich wünsche mir Geld,
ich wünsche mir Macht.
Segne mich mit deinem Reichtum, der nicht vergeht
und meine Sehnsucht wirklich zu stillen vermag,
bitte segne mich Vater, Sohn und Heiliger Geist.
Amen.

Wenn Christen Gott sagen, reden sie von Jesus, der mit jedem Menschen unterwegs ist. Auf meinem Lebensweg gibt es Menschen, an denen ich mich orientieren kann. Dennoch muss ich meinen eigenen Weg gehen, muss lernen loszulassen, um auf eigenen Füßen zu stehen. Mein Lebensweg ist so unverwechselbar, wie ich es selbst bin. Auf diesem Weg werde ich Spuren hinterlassen, die allein von mir stammen. Mit Jesus unterwegs sein bedeutet, Träume haben, meine Gefühle wahrnehmen, in mich hineinhören, Veränderungen wahrnehmen und den Weg meiner Liebe gehen, die mich innerlich lebendig werden lässt. Dieser ganz persönliche Lebensweg gehört zu der Idee, die Gott für mich und mein Leben hat. Er begleitet mich und ist bei mir, denn er kennt meinen Weg.

Biblisch glauben

Euer Herz lasse sich nicht verwirren. Glaubt an Gott und glaubt an mich! Im Haus meines Vaters gibt es viele Wohnungen. Wenn es nicht so wäre, hätte ich euch dann gesagt: Ich gehe, um einen Platz für euch vorzubereiten?
Wenn ich gegangen bin und einen Platz für euch vorbereitet habe, komme ich wieder und werde euch zu mir holen, damit auch ihr dort seid, wo ich bin. Und wohin ich gehe – den Weg dorthin kennt ihr. Thomas sagte zu ihm: Herr, wir wissen nicht, wohin die gehst. Wie sollen wir dann den Weg kennen? Jesus sagte zu ihm: Ich bin der Weg und die Wahrheit und das Leben; niemand kommt zum Vater außer durch mich.

Johannes 14,1-6

Weitere Bibelstellen: Johannes 21,15-23;
1 Korintherbrief 13,1-13, Philipperbrief 2,1-4

Nachdenklich glauben

Zunächst in sich selbst
einen inneren Pilgerweg beginnen,
eines Tages wird er zum Pilgerweg eines ganzen Lebens.

Frère Roger

Leben spüren

Welche Vorstellungen hast du von *deinem* Weg. Was ist dir wichtig? Was möchtest du verwirklichen?
Welche Menschen sind dir wichtige Wegbegleiter? Wer ist dir zum Vorbild geworden? Inwiefern?

Segensgebet

Guter Gott,

du kennst mich,
du kennst meine Sehnsucht,
du kennst mein Ziel.
Segne an diesem Tag meinen Weg, dass er mich führe zu dir,
bitte segne mich Vater, Sohn und Heiliger Geist. Amen.

Manche Menschen sagen, sie brauchen keinen Gott, der ihnen ihre Sünden vergibt. Sie könnten das mit sich selbst ausmachen. Das würde reichen.

Auf die Perspektive kommt es an.

Ich bin Gottes Geschöpf, ein Mensch seiner Liebe. Mit meinem Denken, Reden und Handeln verhalte ich mich nicht nur gegenüber meinen Mitmenschen, sondern verhalte mich auch zu dem, was die Bibel Gottebenbildlichkeit nennt. Gott ist die Liebe. Ich bin ein Ebenbild der Liebe Gottes und ich erreiche diesen Ursprung meines Daseins, indem ich mein Reden, Handeln und Tun am Maßstab der Liebe messen lasse. Gott steht immer mit mir in Beziehung, er hat mir ein inneres Gespür gegeben, das mir unterscheiden hilft, was der Liebe entspricht und was nicht.

Wenn Christen von der Sünde sprechen, meinen sie, dass sich im Denken, Reden und Handeln ein Widerspruch zum Gott der Liebe zeigt. Dieser Widerspruch kann für meine Beziehung zu mir selbst, zu meinen Mitmenschen und zu Gott bittere Konsequenzen haben.

Wo ich Unrecht tue, wo ich die Unwahrheit sage, wo ich nur auf meinen eigenen Vorteil bedacht bin, wo ich mir durch mein eigenes Handeln schade, stehe ich in der Gefahr nur noch um mich selbst zu kreisen und meinen Bezug zu verlieren. In Momenten des Nachdenkens fühle ich diesen Widerspruch, in denen mir etwas leid tut und ich verzweifelt feststelle, dass ich etwas Gesagtes nicht zurückholen, etwas Geschehenes nicht ungeschehen machen kann. Hier komme ich als Mensch an meine Grenzen. Ich kann mich nicht selbst freisprechen, den fühlbaren Widerspruch nicht selbst auflösen, ich kann meine Sünde nicht ungeschehen machen. Wenn ich den tiefen Wunsch nach Frieden in mir habe, kann ich mich vertrauensvoll Gott öffnen. Seine Liebe will mir in diesen schmerzlichen Momenten helfen, neu zu beginnen. Wo Menschen vielleicht nicht verzeihen können, vergibt er mir meine Sünden. Diese Erfahrung ist heilsam, sie ermöglicht mir immer wieder unbeschwert das Leben neu anzupacken, wieder neu die Liebe zum Maßstab meines Handelns zu machen, um zu sein, was ich bin: Gottes Ebenbild.

Biblisch glauben

Was aber aus dem Mund herauskommt, das kommt aus dem Herzen, und das macht den Menschen unrein. Denn aus dem Herzen kommen böse Gedanken, Mord, Ehebruch, Unzucht, Diebstahl, falsche Zeugenaussagen und Verleumdungen.

Matthäus 15,18-19

weitere Bibelstellen: Lukas 15,11-32; Lukas 6,37-42; Galater 5,13-26; 1. Johannesbrief 2,3-11; 2 Korintherbrief 5,14-20

Nachdenklich glauben

Alle Umkehr und Erneuerung muss bei mir selbst anfangen.

Dietrich Bonhoeffer

Hast du jemand weh getan, warte nicht bis morgen, sag ihm heute noch: Es tut mir leid.

Petrus Ceelen

Leben spüren

Kannst du, wenn du einem Menschen weh getan hast, um Verzeihung bitten?

Kannst du über deine eigenen Fehler und Schwächen reden? Welche Erfahrungen hast du damit?

Gibt es Dinge, mit denen du nicht fertig wirst, die dich belasten? Dinge, bei denen es gut wäre, mit einem vertrauten Menschen das Gespräch zu suchen?

Welche Erfahrungen hast du mit der Beichte?

Segensgebet

Guter Gott,

ich bin nicht vollkommen,
ich schade mir und anderen,
ich werde schuldig,
Vergib mir, wenn ich schuldig geworden bin und hilf mir, wenn ich etwas gutzumachen habe. Segne mich mit einem neuen Anfang, bitte segne mich Vater, Sohn und Heiliger Geist. Amen.

Mit Maria glauben

Maria ist eine junge Frau, die mit ihrer inneren Mitte in Kontakt ist. In der Begegnung mit Gott wird sie reich. Ihr Reichtum lässt sich nicht in Geld messen, sie ist beschenkt mit einem Reichtum ganz anderer Art, mit innerer Freiheit. Diese Freiheit bestimmt ihre Beziehung zu ihrem Sohn und ihre Beziehung zu Gott. Sie ist frei, Jesus zu sagen, dass sie ihn nicht versteht, oder ihn konkret zu bitten, um das, was Not tut. Sie lässt sich nicht beirren, sie geht ihren Weg, einfühlsam, mutig, konsequent.

Biblisch glauben

Am dritten Tag fand in Kana in Galiläa eine Hochzeit statt und die Mutter Jesu war dabei. Auch Jesus und seine Jünger waren zur Hochzeit eingeladen. Als der Wein ausging, sagte die Mutter Jesu zu ihm: Sie haben keinen Wein mehr. Jesus erwiderte ihr: Was willst du von mir, Frau? Meine Stunde ist noch nicht gekommen. Seine Mutter sagte zu den Dienern: Was er euch sagt, das tut! Es standen dort sechs steinerne Wasser-krüge, wie es der Reinigungsvorschrift der Juden entsprach; jeder fasste ungefähr hundert Liter. Jesus sagte zu den Dienern: Füllt die Krüge mit Wasser! Und sie füllten sie bis zum Rand. Er sagte zu ihnen: Schöpft jetzt, und bringt es dem, der für das Festmahl verantwortlich ist. Sie brachten es ihm.

Er kostete das Wasser, das zu Wein geworden war. Er wusste nicht, woher der Wein kam; die Diener aber, die das Wasser geschöpft hatten, wussten es. Da ließ er den Bräutigam rufen und sagte zu ihm: Jeder setzt zuerst den guten Wein vor und erst, wenn die Gäste zuviel getrunken haben, den weniger guten. Du jedoch hast den guten Wein bis jetzt zurückgehalten. So tat Jesus sein erstes Zeichen, in Kana in Galiläa, und offenbarte seine Herrlichkeit und seine Jünger glaubten an ihn. Danach zog er mit seiner Mutter, seinen Brüdern und seinen Jüngern nach Kafarnaum hinab. Dort blieben sie einige Zeit.

Johannes 2,1-12

Nachdenklich glauben

Maria
von Gott bewahrt
von Gott berührt
von Gott geführt
ohne Sünde
im Innersten frei
beziehungsfähig
offen für die Gnade
bereit für den Sohn
da für mich
einfach da
in Liebe
Begegnung ohne Enge
Begegnung, die Freiheit will
für die Begegnung
mit Gott

Leben spüren

Wenn du möchtest, bete heute ein Gesätz des Rosenkranzes. (siehe www.liturgie.de/rosenkranz) Rosenkranz beten heißt, mit Maria dem Leben Jesu nachspüren. Welche Gedanken stellen sich ein, wenn du den Rosenkranz betest?

oder nach dem Vorbild Marias in die Stille gehen:
Maria aber bewahrte alles, was geschehen war, in ihrem Herzen und dachte darüber nach.

Lukas 2,19

Nimm dir heute Zeit um still zu werden. In deinem Zimmer, in der freien Natur, wo immer du möchtest. Welche Gedanken und Gefühle beschäftigen dich?

Gott berühren

Für viele Menschen ist der Sonntag ein arbeitsfreier Tag. Der Sonntag ist freie Zeit, bei der es sehr darauf ankommt, wie ich mit dieser freien Zeit umgehe.

Wenn ich den Mut habe, an diesem Tag Dinge zu tun, die mir Freude und Spaß machen, die ich in vollen Zügen genießen kann, wird mein Leben bunt.

Wenn Christinnen und Christen Sonntag sagen, meinen sie den ersten Tag der Woche, an dem Jesus Christus von den Toten auferstanden ist.

Der Sonntag ist der Tag ihres Miteinanders. Glauben geht nicht allein, Glauben braucht Gemeinschaft. Am Sonntag kann ich die Erfahrungen, die ich mit Gott mache, mit anderen Menschen teilen und erleben, dass ich nicht allein unterwegs bin. Ich darf mich durch die Botschaft Jesu ermutigen lassen, ihn berühren und im Zeichen von Brot und Wein ihn selbst erfahren. Das erlebe ich, wenn ich mit anderen Menschen Gottesdienst feiere. In der Eucharistiefeier berühre ich Gott und lasse mich von ihm berühren, der mein Leben wandeln und bunt machen will.

Biblisch glauben, Nachdenklich glauben und Leben spüren siehe Seite 40/41.

ER VOLLBRINGT MIT SEINEM ARM MACHTVOLLE TATEN: ER ZERSTREUT, DIE IM HERZEN VOLL HOCHMUT SIND; ER STÜRZT DIE MÄCHTIGEN VOM THRON UND ERHÖHT DIE NIEDRIGEN. DIE HUNGERNDEN BESCHENKT ER MIT SEINEN GABEN UND LÄSST DIE REICHEN LEER AUSGEHEN.

WIE bist du gott?

Vielleicht warst du auch schon einmal verliebt. Verliebte Menschen entdekken immer wieder neue und andere Seiten am anderen. Doch letztlich bleibt mir der, den ich liebe, immer ein Geheimnis, vor dem ich staunend stehe. In seine innerste Mitte kann ich nicht vordringen, ich bin darauf angewiesen, dass er sich mir öffnet. Wenn Christen Gott sagen, reden sie von Gott, der als der Gott der Liebe immer für Überraschungen gut ist.
Sie reden von Gott, der in Jesus Christus die Menschen immer wieder überrascht hat, weil er nicht nach dem Maß gemessen hat, das Menschen einander anlegen. Es gehört zu den Erfahrungen vieler Christinnen und Christen, dass der Glaube an Gott sich dauernd verändert und es immer wieder neue, überraschende Seiten an Gott zu entdecken gibt. Manchmal überwiegen auch die Fragen, wenn ich in meinem Leben mit schwierigen Situationen konfrontiert werde. Gott lässt sich nicht festlegen, noch weniger lässt er sich etwa durch magische Handlungen von mir zwingen. Gott ist immer anders als das, was ich mir in meiner begrenzten menschlichen Fantasie vorstelle. Er bleibt für mich immer der Unbegreifliche, der Überraschende, zuweilen auch der Fremde, immer aber das Geheimnis der Liebe.

Biblisch glauben

Dann gingen alle nach Hause. Jesus aber ging zum Ölberg. Am frühen Morgen begab er sich wieder in den Tempel. Alles Volk kam zu ihm. Er setzte sich und lehrte es. Da brachten die Schriftgelehrten und die Pharisäer eine Frau, die beim Ehebruch ertappt worden war.

Sie stellten sie in die Mitte und sagten zu ihm: Meister, diese Frau wurde beim Ehebruch auf frischer Tat ertappt. Mose hat uns im Gesetz vorgeschrieben, solche Frauen zu steinigen. Nun, was sagst du? Mit dieser Frage wollten sie ihn auf die Probe stellen, um einen Grund zu haben, ihn zu verklagen. Jesus aber bückte sich und schrieb mit dem Finger auf die Erde.

Als sie hartnäckig weiterfragten, richtete er sich auf und sagte zu ihnen: Wer von euch ohne Sünde ist, werfe als erster einen Stein auf sie. Und er bückte sich wieder und schrieb auf die Erde. Als sie seine Antwort gehört hatten, ging einer nach dem anderen fort, zuerst die Ältesten. Jesus blieb allein zurück mit der Frau, die noch in der Mitte stand. Er richtete sich auf und sagte zu ihr: Frau, wo sind sie geblieben? Hat dich keiner verurteilt? Sie antwortete: Keiner, Herr. Da sagte Jesus zu ihr: Auch ich verurteile dich nicht. Geh und sündige von jetzt an nicht mehr!

Johannes 7,53-8,11

weitere Bibelstellen: Markus 7, 32-37; Markus 10.13-16; Markus 8,22-26; Johannes 15,9-17; 2 Thessalonicher 2,13-16

Nachdenklich glauben

Gott
unergründlich
unbegreiflich
unendlich
Gott der Liebe
nicht zu greifen
nur zu erahnen
nicht auszudenken
nur zu erfahren
nicht festzulegen
nur zu erwarten

als der ganz Andere

„Gott, so sagen wir, ist der ganz Andere. Alle Begriffe scheitern vor seiner je größeren Größe, die sich nicht umgreifen lässt. Alle Bilder zerschmelzen in seinem Licht, das sich nicht in begrenzende Formen bannen lässt. Alle Worte verstummen ins Schweigen vor dem Geheimnis, das sich nicht aussagen lässt. Willst du dem ganz Anderen begegnen? Dann geh zum ganz Gleichen, geh bis zum Nächsten, zum Kleinsten, zum Ärmsten. Pack zu, um zu helfen – und du begreifst Gott. Schau hin, um dem Nächsten die Not und die Sehnsucht abzulesen an seinen Augen – und du blickst in Gottes Licht. Hör hin auf des Nächsten leise Stimme, und sag ihm das einfache, liebende Wort – und du sprichst mit Gott selbst. Geh zum ganz Gleichen, um den ganz Anderen zu finden.“

Klaus Hemmerle

Leben spüren

Welches Gefühl begleitet dich, wenn du betest? Willst du etwas erreichen? Ist Gebet für dich eine Leistung? Oder ist es eher eine freundschaftliche Begegnung, ein Zeit-Schenken mitten im Alltag?

Welches Bild hast du von Gott? Sind es die Bilder deiner Kindheit? Hast du Erfahrungen gemacht, die dein Gottesbild verändert haben?

Segensgebet

Guter Gott,

ich kann dein Handeln nicht erzwingen,
ich kann dein Wesen nicht durchdringen,
ich kann dein Geheimnis nicht lüften.
Ich kann mein Herz dir öffnen,
dass du mich erfüllst mit deiner Liebe, bitte segne
mich guter Gott, Vater, Sohn und Heiliger Geist.
Amen.

Tastend und vorsichtig näherte sich die junge Frau der kleinen Holzdose. Ihre Großmutter hatte ihr kurz vor ihrem Tod diese Schatulle übergeben und sie gebeten, sie heilig zu halten. Mit Herzklopfen öffnete die junge Frau den Deckel und entnahm ehrfürchtig das Schmuckstück, das nun schon seit Generationen in der Familie vererbt worden war.

Wenn Christen Gott sagen, reden sie vom heiligen Gott, dem sie Verehrung und Anbetung entgegenbringen. Die Heiligkeit Gottes schafft eine natürliche Distanz. Die Bibel schildert immer wieder Situationen, in denen einzelne Menschen der Heiligkeit Gottes begegnen und im Innersten davon ergriffen sind. Sie brauchen nicht lange zu überlegen, wie sie sich verhalten sollen. Ganz selbstverständlich drängt es sie von innen her, Respekt und Ehrfurcht zum Ausdruck zu bringen. Sie verhüllen ihr Gesicht, verneigen sich tief oder fallen auf die Knie. Diese Haltungen sind zutiefst menschlich. Der Mensch erkennt in solchen Momenten die Distanz zwischen sich und dem heiligen Gott und erfährt sich doch als geliebtes Geschöpf. Denn diese Distanz schafft nicht verzweifelte Angst, sondern ist begleitet von einem fürsorglichen „Fürchte dich nicht". Gott ist der Heilige, das gilt auch für meine ganz persönliche Beziehung zu ihm, er bleibt immer der, über den ich nicht verfügen kann, der ganz Andere, der Vollkommene, der Schöpfer, dem ich mein Leben verdanke.

Biblisch glauben

Sechs Tage danach nahm Jesus Petrus, Jakobus und dessen Bruder Johannes beiseite und führte sie auf einen hohen Berg.
Und er wurde vor ihren Augen verwandelt; sein Gesicht leuchtete wie die Sonne und seine Kleider wurden blendend weiß wie das Licht. Da erschienen plötzlich vor ihren Augen Mose und Elija und redeten mit Jesus. Und Petrus sagte zu ihm: Herr, es ist gut, dass wir hier sind. Wenn du willst, werde ich hier drei Hütten bauen, eine für dich, eine für Mose und eine für Elija. Noch während er redete, warf eine leuchtende Wolke ihren Schatten auf sie, und aus der Wolke rief eine Stimme: Das ist mein geliebter Sohn, an dem ich Gefallen gefunden habe; auf ihn sollt ihr hören. Als die Jünger das hörten, bekamen sie große Angst und warfen sich mit dem Gesicht zu Boden. Da trat Jesus zu ihnen, fasste sie an und sagte: Steht auf, habt keine Angst! Und als sie aufblickten, sahen sie nur noch Jesus.

Matthäus 17,1-9

Weitere Bibelstellen: Exodus 3,4-6; 1 Könige 19,9-13; Matthäus 6,9; Offenbarung 15,3b-4

Nachdenklich glauben

Die Welt ist voller Ängste, seit wir die Gottesfurcht vertrieben haben. Hundert und tausend Ängste vor uns und jedermann, vor der Welt und der Zukunft machen uns krank.

Frei werden von sich kann nur der, der die Furcht Gottes hat. Diese Furcht ist nicht Angst, die mich zurückbeugt auf mich selber, sondern Annehmen meiner Kreatürlichkeit, Annehmen meiner Abhängigkeit von Gott, Annehmen, dass er groß ist und ich klein bin. Und wenn ich so zu ihm gehe, gerade dann wird jene vollkommene Liebe wachsen, die die Furcht vertreibt und erlöst.

Klaus Hemmerle

Wenn ich meinem Schöpfer
für nur einen Augenblick
von Angesicht zu Angesicht begegnete
wenn ein Strahl seiner Heiligkeit
mein Innerstes erfüllte
wenn die Größe seiner Liebe
in die lieblose Enge
meines Herzens eindränge
wäre mir nichts heiliger
als Gott allein.

Leben spüren

Was ist dir heilig? Gibt es Dinge oder Menschen, vor denen du Ehrfurcht hast?

Welche Empfindungen begleiten dich, wenn du eine Kirche betrittst? Ist sie für dich ein Ort, wo das Heilige spürbar ist?

Segensgebet

Guter Gott,

deine Anmut erfüllt die Schöpfung,
deine Macht schafft Leben,
deine Liebe schenkt Beziehung.

Segne meinen Tag mit Momenten des Staunens über dich, den heiligen Gott, bitte segne mich, Vater, Sohn und Heiliger Geist. Amen.

Wenn Christen Gott sagen, reden sie von Gott, der die Welt erschaffen hat. In der Vielgestaltigkeit der Schöpfung werden seine unendlichen Möglichkeiten erahnbar.

Manche Menschen reden von der Allmacht Gottes und verknüpfen damit die Erwartung, Gott sei zu allem fähig.

Gottes Macht ist aber nicht die Macht der Mächtigen unserer Erde, sondern eine Macht der Liebe. Dort, wo die Liebe ist, dort ist Gott. Und Liebe heißt, immer in Beziehung leben.

Gottes Allmacht zeigt sich wesentlich in seiner Fähigkeit, zu jedem Menschen in einer einmaligen, intensiven und liebevollen Beziehung stehen zu können.

Die Liebe ist die Macht, die die Welt verändert. Wenn ich mich für ein Leben mit Gott entscheide, dann darf ich mir sicher sein: Die Macht der Liebe Gottes wird mein Herz berühren und mein Handeln, Denken und Fühlen wird sich dadurch mächtig verändern.

Biblisch glauben

Da rief Jesus sie zu sich und sagte: Ihr wisst, dass die, die als Herrscher gelten, ihre Völker unterdrücken und die Mächtigen ihre Macht über die Menschen missbrauchen. Bei euch aber soll es nicht so sein, sondern wer bei euch groß sein will, der soll euer Diener sein, und wer bei euch der Erste sein will, soll der Sklave aller sein. Denn auch der Menschensohn ist nicht gekommen, um sich dienen zu lassen, sondern um zu dienen und sein Leben hinzugeben als Lösegeld für viele.

Markus 10,42-45

weitere Bibelstellen: Psalm 8; Markus 10,17-31;
1 Korintherbrief 2,4-9; Kolosserbrief 3,1-17

Nachdenklich glauben

Was Macht
mit mir macht
hängt davon ab,
woran mein Herz hängt.

großer gott:
uns näher
als haut
oder halsschlagader
kleiner
als herzmuskel
zwerchfell oft:
zu nahe
zu klein –
wozu
dich suchen?
wir:
deine Verstecke

Kurt Marti

Leben spüren

Achte heute bewusst auf dein Reden und dein Handeln. Strebst du danach, mächtig zu sein? Was bewegt dich dazu? Welche Gefühle verbindest du damit?

Segensgebet

Guter Gott,

dein Segen ist Liebe
dein Segen ist Leben
dein Segen ist Beziehung

Segne meinen Tag mit Augenblicken der Berührung, bitte segne mich, Vater, Sohn und Heiliger Geist. Amen.

Die täglichen Nachrichten scheinen die Aussage, dass Gott die Mächtigen vom Thron stürzt und die Armen zu Ehren bringt, Lügen zu strafen. Überschuldung, Ausbeutung, Raubbau an den natürlichen Ressourcen, Aids in Afrika ... zumeist trifft es gerade die armen Menschen. Viele haben wenig. Wenige haben viel. Das ist die Realität in Afrika, in Lateinamerika, aber auch in den westlichen Ländern gibt es Formen der Ausbeutung und sozialer Ungerechtigkeit.

Wenn Christen Gott sagen, reden sie von Gott, der solidarisch mit den Armen ist. Er hat ein Herz für jeden Menschen, dem es am Nötigsten fehlt, für jeden Menschen, der ausgegrenzt wird, für jeden Menschen, der in seinem Leben keinen Sinn zu erkennen vermag.

Abzulesen ist das im Reden und Handeln von Jesus Christus, der sich gerade nicht mit den Mächtigen seiner Zeit umgab, sondern Gemeinschaft mit den einfachen Menschen suchte und lebte. Er berief nicht zuerst Lehrer oder Reiche, sondern Fischer und einfache Handwerker in seine Nachfolge. Männer und Frauen, deren Blick nicht durch Wissen und Reichtum getrübt war, die vielmehr ihrer inneren Sehnsucht folgten.

Wenn ich mich von meiner Sehnsucht nach Gott leiten lasse, der mich liebt wie ich bin, wird sich über kurz oder lang in meinem ganz persönlichen Umfeld etwas verändern. Ich werde solidarisch leben, d. h. mich einsetzen für Gerechtigkeit und Bewahrung der Schöpfung. Dadurch kommt Gott, der solidarisch mit den Armen dieser Welt ist, ans Ziel: durch mein, durch dein, durch das Handeln jedes Menschen, der sich von Gott geliebt weiß.

Biblisch glauben

Ein neues Gebot gebe ich euch: Liebt einander! Wie ich euch geliebt habe, so sollt auch ihr einander lieben.

Johannes 13,34

Weitere Bibelstellen: Lukas 19,1-10;
1 Johannesbrief 3,1-7; 10b.

Nachdenklich glauben

Wenn ich Christus
nicht nur mit
den Lippen bekenne
sondern seine Gegenwart
mein Herz berührt
wandelt sich mein Leben
verändert sich mein Blick
ereignet sich
Berufung
zu einem Leben
um der Menschen willen

Wir glauben an Gott.

Er gab denen, die unter dem Gesetz litten, die Liebe.
Er gab denen, die fremd waren im Land, ein Zuhause.
Er gab denen, die unter die Räuber fielen, seine Hilfe.

Wir glauben an Jesus Christus, Sohn Gottes,
unseren Bruder und Erlöser.
Er gab denen, die Hunger hatten, zu essen.
Er gab denen, die im Dunkel lebten, das Licht.
Er gab denen, die im Gefängnis saßen, die Freiheit.

Wir glauben an den Heiligen Geist.
Er gibt denen, die verzweifelt sind, neuen Mut.
Er gibt denen, die in der Lüge leben, die Wahrheit.
Er gibt denen, die die Schrecken des Todes erfahren,
die Hoffnung zum Leben.

Ernesto Cardenal

Leben spüren

Setzt du dich in deinem Umfeld auch für Menschen ein, die kein Ansehen genießen, die der Hilfe bedürfen?

Gibt es Momente, in denen dir der Einsatz für Benachteiligte schwer fällt?

Segensgebet

Guter Gott,

du bist entschieden für die Armen,
du bist entschieden gegen Unterdrückung,
du bist entschieden für die Liebe

Guter Gott, segne meinen Tag mit Augen für alle Menschen, die meiner Solidarität bedürfen. Amen.

Wenn Christen Gott sagen, reden sie von Jesus Christus, der die Botschaft vom Reich Gottes konsequent verkündet hat.
Jesus Christus war konsequent. Im Disput mit den Gelehrten seiner Zeit nahm er kein Blatt vor den Mund. Ihm waren die Menschen wichtiger als das bloße Befolgen von Geboten. Er handelte danach und wurde bald zu einem, dem man nach dem Leben trachtete. Er ließ sich nicht beirren. Jesus war kein Softie, nicht der süßliche Prediger einer besseren Welt. Jesus war ein Realist, ein leidenschaftlicher Kämpfer für Gott und für die entrechteten Menschen seiner Zeit. Diesen Weg leidenschaftlicher Liebe ging er bis zur letzten Konsequenz, seinem Tod am Kreuz.
Wenn ich mich von dieser leidenschaftlichen Liebe Jesu anstecken lasse, wird sich mein Leben verändern. Dann wird auch heute etwas von dem erfahrbar, wofür Jesus gelebt und gestritten hat: Aufrichtigkeit, Gerechtigkeit und Güte.

Biblisch glauben

Wenn es also Ermahnung in Christus gibt, Zuspruch aus Liebe, eine Gemeinschaft des Geistes, herzliche Zuneigung und Erbarmen, dann macht meine Freude dadurch vollkommen, dass ihr eines Sinnes seid, einander in Liebe verbunden, einmütig und einträchtig, dass ihr nichts aus Ehrgeiz und nichts aus Prahlerei tut. Sondern in Demut schätze einer den andern höher ein als sich selbst. Jeder achte nicht nur auf das eigene Wohl, sondern auch auf das der anderen.

Philipper 2,1-4

Weitere Bibelstellen: Markus 11,15-19; Johannes 13,1-5; 1 Johannesbrief 3,13b-18; Philipperbrief 2,5-11

Nachdenklich glauben

Bei der Wahrheit bleiben,
wo es unangenehm werden könnte
Gerechtigkeit leben,
ohne dafür etwas zu erwarten
Nachsicht zeigen,
wo Härte unabdingbar scheint.
Immer neu
aufbrechen zum Anderen
füreinander dasein
miteinander handeln
konsequent leben
für Gottes Reich
alles andere wird dazu gegeben.

Du bist nicht Gott, wo Unrecht geschieht.
Es sei denn auf der Seite der Benachteiligten.
Du bist nicht Gott, wo man auf Kosten anderer lebt.
Es sei denn auf der Seite der Armen.
Du bist nicht Gott, wo man Güter des Lebens anhäuft.
Es sei denn auf der Seite der Ausgeschlossenen.
Darum will ich Dich suchen
in der Gerechtigkeit und bei den Benachteiligten, Armen, Ausgeschlossenen.

Anton Rotzetter

Leben spüren

Lebst du konsequent? Besitzt du Überzeugungen, für die du auch gegen Widerstand eintrittst?
Ist dein Ja ein Ja und dein Nein ein Nein?

Segensgebet

Guter Gott,

deine Leidenschaft für das Kleine
deine Leidenschaft für Gerechtigkeit
deine leidenschaftliche Liebe
präge mich und lasse mein Leben zum Segen
für mich und andere werden. Amen.

Maria erlebt, dass Gott nicht mit den Mächtigen ist, die ihren Vorteil suchen und über die Köpfe ihrer Mitmenschen hinweg planen und entscheiden. Gott hat sich ihr zugewandt, einer Frau, die für die Mächtigen ihrer Zeit bedeutungslos war. Mit ihrer Bereit-schaft, sich ganz auf Gott einzulassen, hat Maria die Welt verändert. Maria hat Gott ganz anders erfahren, als sie es als einfache Frau in einem kleinen unbedeutenden Dorf erwarten konnte. Warum gerade sie und nicht eine andere junge Frau erwählt wurde, bleibt das Geheimnis Gottes. Auch in ihrem Leben bleibt Gott in seinem Handeln ein Geheimnis. Es gibt Situationen, in denen sie Jesus nicht versteht.

Biblisch glauben

Als er zwölf Jahre alt geworden war, zogen sie wieder hinauf, wie es dem Festbrauch entsprach. Nachdem die Festtage zu Ende waren, machten sie sich auf den Heimweg. Der junge Jesus aber blieb in Jerusalem, ohne dass seine Eltern es merkten. Sie meinten, er sei irgendwo in der Pilgergruppe, und reisten eine Tagesstrecke weit; dann suchten sie ihn bei den Verwandten und Bekannten. Als sie ihn nicht fanden, kehrten sie nach Jerusalem zurück und suchten ihn dort. Nach drei Tagen fanden sie ihn im Tempel; er saß mitten unter den Lehrern, hörte ihnen zu und stellte Fragen. Alle, die ihn hörten, waren erstaunt über sein Verständnis und über seine Antworten. Als seine Eltern ihn sahen, waren sie sehr betroffen, und seine Mutter sagte zu ihm: Kind, wie konntest du uns das antun? Dein Vater und ich haben dich voll Angst gesucht.

Da sagte er zu ihnen: Warum habt ihr mich gesucht? Wusstet ihr nicht, dass ich in dem sein muss, was meinem Vater gehört? Doch sie verstanden nicht, was er damit sagen wollte. Dann kehrte er mit ihnen nach Nazaret zurück und war ihnen gehorsam. Seine Mutter bewahrte alles, was geschehen war, in ihrem Herzen. Jesus aber wuchs heran, und seine Weisheit nahm zu, und er fand Gefallen bei Gott und den Menschen.

Lukas 2,41-52

weitere Bibelstellen: Markus 3,20-21. 31-35

Nachdenklich glauben

Wer ist Maria?
Ein unbekanntes Mädchen vor 2000 Jahren.
Niemand nimmt von ihr Notiz.
Geschichtsbücher erwähnen sie nicht.
Trotzdem hinterlässt sie Spuren,
deutlicher als die „Großen“ der Weltgeschichte.
Damit beginnt ihre Geschichte:
Sie ist ansprechbar.
Sie lebt nicht in einer geschlossenen Welt.
Sie ist kein Gefangener ihres Wunschdenkens.
Sie kreist nicht um sich selbst,
sie ist grundsätzlich offen,
offen auch für das Unerwartete.

Und das ist ihr Geheimnis:
Sie ist offen und ansprechbar – auch für Gott.
Das ist nicht selbstverständlich und einfach.

Denn Gott spricht nicht laut und aufdringlich.
Keiner hört Gott unmittelbar.
Gott spricht immer nur durch andere,
oft anders, als wir es erwarten.

Die meisten Menschen hören nichts
oder – hören nur sich selber.
Maria aber unterscheidet unter den vielen Stimmen – Gottes Stimme!

Verfasser/in unbekannt

Leben spüren

Wenn du möchtest, bete heute ein Gesätz des Rosenkranzes. (siehe www.liturgie.de/rosenkranz)

Rosenkranz beten heißt, mit Maria dem Leben Jesu nachspüren. Welche Gedanken stellen sich ein, wenn du den Rosenkranz betest?

oder nach dem Vorbild Marias in die Stille gehen:

Maria aber bewahrte alles, was geschehen war, in ihrem Herzen und dachte darüber nach.

Lukas 2,19

Nimm dir heute Zeit, um still zu werden. In deinem Zimmer, in der freien Natur, wo immer du möchtest. Welche Gedanken und Gefühle beschäftigen dich?

Hinweis: 3. Woche Sonntag » Gott berühren « siehe Seite 39 - 41.

ER NIMMT SICH SEINES KNECHTES ISRAEL AN UND DENKT AN SEIN ERBARMEN, DAS ER UNSERN VÄTERN VERHEISSEN HAT, ABRAHAM UND SEINEN NACHKOMMEN AUF EWIG.

WO bist du gott?

Wenn Christen Gott sagen, reden sie von Gott, der in seiner Schöpfung Spuren hinterlassen hat, die auf seine Liebe hinweisen.

Die mich umgebende Natur zeugt von einer unvorstellbaren Liebe, die sich im Detail zeigt: In der verschwenderischen Vielfalt von Pflanzen und Tieren, im bunten Gefieder der Vögel, in den Farben der Blumen, im Plätschern eines Baches ...

Wenn ich mit offenem Herzen durch die Natur gehe, kann ich die Gegenwart Gottes in den Dingen erahnen und erfahren.

Biblisch glauben

Gott, der die Welt erschaffen hat und alles in ihr, er, der Herr über Himmel und Erde, wohnt nicht in Tempeln, die von Menschenhand gemacht sind. Er lässt sich auch nicht von Menschen bedienen, als brauche er etwas: er, der allen das Leben, den Atem und alles gibt. Er hat aus einem einzigen Menschen das ganze Menschen-geschlecht erschaffen, damit es die ganze Erde bewohne. Er hat für sie bestimmte Zeiten und die Grenzen ihrer Wohnsitze festgesetzt. Sie sollten Gott suchen, ob sie ihn ertasten und finden könnten; denn keinem von uns ist er fern. Denn in ihm leben wir, bewegen wir uns und sind wir, wie auch einige von euren Dichtern gesagt haben: Wir sind von seiner Art.

Apostelgeschichte 17,24-28

weitere Bibelstellen: Psalm 8; Römer 1,20; Kolosser 1,12-20.

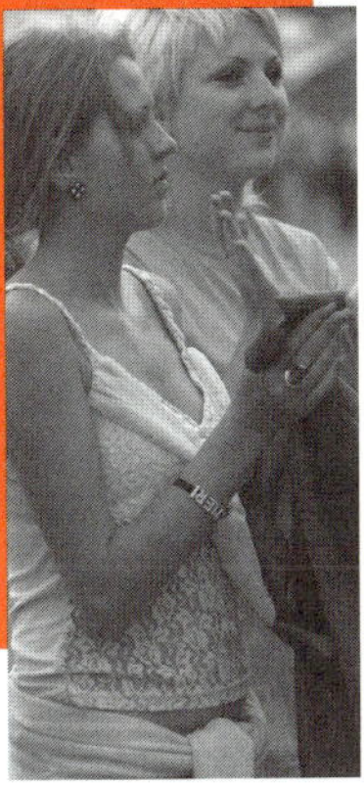

Nachdenklich glauben

Ruhig werden
ausspannen
den Atem spüren
Hören
Sehen
Fühlen
an der Wärme der Sonne
beim Wandern durch die Natur
beim Liegen am See
den Gefühlen nachspüren
den Gedanken nachgehen
träumen können
Sehnsüchte spüren
Halt am Boden suchen
langsam in die Mitte gehen
Gott suchen
bei Ihm verweilen
aus der Kraft der Mitte
im Leben sein
und handeln.

Hans und Marie-Therese Kuhn-Schädler

Mit allen Sinnen

Ich sehe die Blumen, die Tiere, die Menschen.
Sehe ich auch, was aus den Augen der Menschen spricht?

Ich höre die Worte eines Menschen.
Höre ich auch das Bangen, das in seiner Stimme liegt?

Ich rieche den Duft der Rosen.
Rieche ich auch den Grund, auf dem sie stehen?

Ich schmecke eine Mahlzeit.
Verkoste ich auch die Liebe, mit der sie bereitet wurde?

Ich taste in der Kälte nach der Hand eines vertrauten Menschen.
Spüre ich auch sein wärmendes Herz?

Cäcilia Kittel

Die Schönheit,
die ich sehen, tasten,
riechen, schmecken und
hören kann
ist ein winziger Strahl
des Glanzes meines Schöpfers.

Leben spüren

Achte heute auf kleine unscheinbare Dinge, die entdeckt werden wollen: eine Blume am Wegesrand, die Maserung eines Blattes, der Regentropfen an einer Scheibe ... Es gibt viel zu entdecken.

Segensgebet

Guter Gott,

du bist da in deiner Schöpfung
du bist da in jedem Geschöpf,
du bist da – deine Schönheit und Anmut
Segne meinen Tag mit Momenten der
Aufmerksamkeit für die Spuren deiner Liebe, bitte
segne mich, Vater, Sohn und Heiliger Geist. Amen.

Wenn Christen Gott sagen, reden sie vom Gott des Lebens, vom lebendigen Gott.

Das Leben ereignet sich in der Gegenwart, es ereignet sich im Augenblick. Seit meinem ersten Atemzug ist mein Leben die Abfolge immer neuer Gegenwart, immer neuer Augenblicke. Oft bin ich mit meinen Gedanken nicht mit der Gegenwart beschäftigt. Vielleicht bedrückt mich die Vergangenheit oder ich sorge mich um meine Zukunft. Die Augenblicke meines Lebens, in denen ich mich als lebendigen Menschen erfahren kann, huschen unbemerkt vorüber.

Es ist wichtig, aufmerksam zu werden für das Jetzt, in dem mein Leben nicht Geschichte oder Vision, sondern Gegenwart ist.

Der Augenblick, dieser unscheinbare, einzig lebendige Moment meines Lebens, ist der Zeitpunkt, wo ich zutiefst lebendig dem Gott des Lebens begegne.

Biblisch glauben

Denn wo zwei oder drei in meinem Namen versammelt sind, da bin ich mitten unter ihnen.

Matthäus 18,20

weitere Bibelstellen: Lukas 2,36-40; Lukas 2,41-52; Lukas 2,25-32

Nachdenklich glauben

Im Heute Gottes leben,
das ist das Wichtigste.
Morgen wird ein weiteres Heute sein.

Frère Roger

Jetzt

Jetzt muss es geschrieben sein,
nicht heute Abend und nicht morgen,
sonst ist es fort.
Jetzt muss angerufen werden,
sonst ist es aufgelöst in Vergangenheit.
Jetzt muss innegehalten werden,
sonst ist es vertan.
Jetzt muss geschwiegen werden,
sonst ist es zerstört.
Jetzt muss zugehört werden,
sonst wird es vergraben.
Jetzt muss vergeben werden,
sonst verhärtet es sich.
Das Jetzt ist die Aufmerksamkeit,
das Jetzt ist der Augenblick,
das Jetzt ist das Leben.

Cäcilia Kittel

Leben spüren

Tausend Dinge gehen uns tagtäglich durch den Kopf. Wichtiges und weniger Wichtiges. Oft sind es Gedanken, die sich mit Vergangenem oder mit Zukünftigem beschäftigen. Beobachte dich selbst. Bist du in der Gegenwart, also bei dem, was du gerade tust, oder beschäftigen dich vergangene Situationen oder Ereignisse, die in der Zukunft liegen?

Segensgebet

Guter Gott

segne meinen Augenblick,
segne meine Sehnsucht nach Leben,
segne meine Zeit, in der deine Liebesmelodie mein Leben bereichern möchte,
segne mein Innehalten und meinen Aufbruch,
segne meine Lebensspur,
in der sich meine Stunden und Tage abbilden, bitte segne mich Vater, Sohn und Heiliger Geist. Amen.

In mir

Wenn Christen Gott sagen, reden sie von Gott, der jedem Menschen in seiner innersten Mitte nahe ist.
Der Ort, an dem ich Gott begegnen kann, liegt in mir selbst.
Als Mensch erahne ich meine innerste Mitte, ich ahne, dass es einen Ort gibt, wo ich unverstellt Mensch sein darf, wo ich meine Sehnsucht nach Leben spüre, mit Gefühlen und Gedanken, um die ich allein weiß.
Meine innerste Mitte ist der Ort, wo die Idee, die Gott für mein Leben hat, lebendig ist.
In meiner Sehnsucht nach Leben begegne ich dem Gott der Liebe, der möchte, dass ich das Leben habe und es in Fülle habe.
Seine Gegenwart ist leise und unaufdringlich. Ich muss aufmerksam in mich hineinlauschen und hineinspüren.

Biblisch glauben

Wisst ihr nicht, dass ihr Gottes Tempel seid und der Geist Gottes in euch wohnt? 1 Korinther 3,16

weitere Bibelstellen: Johannes 14,26; Apostelgeschichte 1,4-8; Römer 5,1-5; 1 Korinther 6,19

Nachdenklich glauben

Der geheimste Ort der Welt

Kennst du den geheimsten Ort der Welt? Er liegt in dir, zutiefst im Kerne deines Wesens.

Es ist der Ort, wo du dich frei kannst geben, dich öffnen ganz und gar.

Es ist der Ort, wo du dich nicht musst verbergen, keinen Schleier um dich hegen.

Niemand kann dich dort verletzen, beleidigen oder sonst beschämen.

Offen kannst du legen, was du denkst, deine Meinung, Zweifel oder Fragen.

Offen kannst du legen, was du fühlst in deinen Sehnsüchten, Ängsten, Träumen.

Nur du hast Zugang zu diesem deinem Ort.

Es ist der Ort, wo du Gott spürst und er dich, wo ihr einander suchen, finden und begegnen könnt.

Es ist der Ort, wo Gott sich offenbart, ein Ort der Stille und des Gebetes.

Überall kann es ihn geben: zu Hause, in der Ferne, bei der Arbeit, bei Fest und Spiel, im Glück und auch in traurigen Stunden, am Morgen, Abend, Tag und Nacht.

Überall kann es ihn geben. Überall in dir.

Hans und Marie-Therese Kuhn-Schädler

Wer Gott findet, der gelangt auch zu sich selbst, und zu dem Quell des ewigen Lebens, der in seinem eigenen Innersten auf ihn wartet.

Edith Stein

Leben spüren

Welche Bilder bzw. Vorstellungen hast du, wenn du an Gott denkst?
Welche Eigenschaften schreibst du Gott zu?

Ist es für dich vorstellbar, dass Gott in dir da ist?

Segensgebet

Guter Gott,

in meiner innersten Mitte bist du da,
in meiner innersten Mitte ist eine unerschöpfliche Quelle deiner Liebe,
meine innerste Mitte – Ort meiner Sehnsucht nach dir.

Segne meinen Tag mit Momenten der Gewissheit, dass du mich erfüllst mit deiner Kraft und Liebe, bitte segne mich Vater, Sohn und Heiliger Geist. Amen.

Im anderen

Wenn Christen Gott sagen, reden sie von Gott, der zu jedem Menschen ohne Unterschied sein liebevolles Ja sagt.
Gott ist jedem Menschen in seiner innersten Mitte nahe. Er steht in einer einzigartigen und unverwechselbaren Beziehung zu jedem Menschen, dem ich begegne, und meint es gut mit ihm.
Die Nachfolge Jesu ist nicht möglich ohne meine Mitmenschen zu achten. Besonders den Bedürftigen, den Armen, Ausgegrenzten und Entrechteten hat Gott seine Nähe in besonderer Weise zugesagt.

Biblisch glauben

Wenn der Menschensohn in seiner Herrlichkeit kommt und alle Engel mit ihm, dann wird er sich auf den Thron seiner Herrlichkeit setzen. Und alle Völker werden vor ihm zusammengerufen werden und er wird sie voneinander scheiden, wie der Hirt die Schafe von den Böcken scheidet. Er wird die Schafe zu seiner Rechten versammeln, die Böcke aber zur Linken. Dann wird der König denen auf der rechten Seite sagen: Kommt her, die ihr von meinem Vater gesegnet seid, nehmt das Reich in Besitz, das seit der Erschaffung der Welt für euch bestimmt ist. Denn ich war hungrig und ihr habt mir zu essen gegeben; ich war durstig und ihr habt mir zu trinken gegeben; ich war fremd und obdachlos, und ihr habt mich aufgenommen; ich war nackt und ihr habt mir Kleidung gegeben; ich war krank und ihr habt mich besucht; ich war im Gefängnis und ihr seid zu mir gekommen. Dann werden ihm die Gerechten antworten: Herr, wann haben wir dich hungrig gesehen und dir zu essen gegeben, oder durstig und dir zu trinken gegeben? Und wann haben wir dich fremd und obdachlos gesehen und aufgenommen, oder nackt und dir Kleidung gegeben? Und wann haben wir dich krank oder im Gefängnis gesehen und sind zu dir gekommen? Darauf wird der König ihnen antworten: Amen, ich sage euch: Was ihr für einen meiner geringsten Brüder getan habt, das habt ihr mir getan.

Matthäus 25,31-40

weitere Bibelstellen: Lukas 4,16-22; 1 Korinther 12,12-27

Nachdenklich glauben

Gott
den ganz Anderen
im ganz Anderen
entdecken
im Mitmenschen
nicht genormt
durchgefallen
durch den Rost des Wohlstands
heruntergekommen
krank
resigniert
depressiv
einsam
ohne Ziel
wartend
dass einer mitfühlt
hört
sieht
handelt
Gott den ganz Anderen
entdeckt
im ganz Anderen.

Herr öffne unsere Augen,
damit wir dich in unseren Brüdern
und Schwestern erkennen.

Herr, öffne unsere Ohren,
damit wir das Rufen der Hungrigen,
der Frierenden, der Verängstigten
und Unterdrückten hören.

O Herr, öffne unsere Herzen,
damit wir einander so lieben,
wie du uns liebst.

Erneuere in uns deinen Geist,
Herr, mach uns frei und eins.

Mutter Teresa

Leben spüren

Kannst du in jedem Menschen etwas Gutes entdecken?

Achte heute bewusst auf die Menschen, die in unserer Gesellschaft nicht viel gelten: Jugendliche aus sozial schwachen Familien, Ausländer, Menschen mit Behinderungen, alte Menschen, kranke Menschen .... Welche Gefühle hast du, wenn du diesen Menschen begegnest? Mitleid, Abneigung ... Wer gilt bei dir wenig?

Dein Tag ist voller Begegnungen mit Menschen, die dir helfen und sich um dich kümmern. Achte bewusst darauf, wo du die Solidarität anderer Menschen erfährst. Was empfindest du dabei?

Segensgebet

Guter Gott,

im Antlitz meines Mitmenschen kann ich dich erkennen,
in der Not meiner Mitmenschen kann ich dich entdecken,
in der Liebe, die mir andere Menschen schenken, gibst du dich zu erkennen.

Segne meinen Tag mit Augenblicken der Erkenntnis, dass du da bist, bitte segne mich Vater, Sohn und Heiliger Geist.
Amen.

Wenn Christen Gott sagen, meinen sie Gott, der nicht fern von den Menschen existiert, sondern immer in ihrer Gemeinschaft gegenwärtig ist.

Gott ist mir nahe in seiner Kirche, in der Gemeinschaft aller Menschen, die zu Jesus Christus gehören.
Ich verdanke meinen Glauben anderen Menschen, die mir von Jesus Christus erzählt haben. Sie haben mir von Gott erzählt, der eine Beziehung zu jedem Menschen will und der möchte, dass alle, die an ihn glauben, auch als Gemeinschaft leben und feiern. Die Kirche ist der Ort, wo ich meine Freude an Gott mit anderen Menschen teilen kann und Gott in der Mitte ihrer Gemeinschaft da ist, im Wort der Bibel und im Brechen des Brotes.

Biblisch glauben

Ihr seid das Salz der Erde. Wenn das Salz seinen Geschmack verliert, womit kann man es wieder salzig machen? Es taugt zu nichts mehr; es wird weggeworfen und von den Leuten zertreten. Ihr seid das Licht der Welt. Eine Stadt, die auf einem Berg liegt, kann nicht verborgen bleiben. Man zündet auch nicht ein Licht an und stülpt ein Gefäß darüber, sondern man stellt es auf den Leuchter; dann leuchtet es allen im Haus.
So soll euer Licht vor den Menschen leuchten, damit sie eure guten Werke sehen und euren Vater im Himmel preisen.

Mt 5,13-16

weitere Bibelstellen: Matthäus 10,16-20.29-32, 12,28-34; Apostelgeschichte 1,4-8, 2,43-47, 4,32-37; 1 Korinther 12,4-11; 1 Johannesbrief 1,1-7; 1 Thessalonicher 5,12-22; Epheser 3,17-21, 4,7-16

Nachdenklich glauben

Ich glaube Gott ist Klang, sein Wesen ist Gesang, er singt als schönstes Stück die Liebe und das Glück. Wer singt, die Quelle trinkt, die tief in Gott entspringt, sein Sehnen wird erfüllt, das Leben ihm enthüllt.

Ich glaube Gott ist er, der aus dem Schweigen her, erfand als ein Genie der Schöpfung Melodie. Er lädt uns alle ein, ein Ton von ihm zu sein; denn unser Leben tönt klar nur mit ihm versöhnt.

Ich glaub` dass Jesus Christ, Lied und auch Sänger ist und seiner Liebe Ruhm das Evangelium. Er schwingt ein jedes Sein in seinen Rhythmus ein, verwandelt Angst und Leid, der Tod wird licht und weit.

Ich glaube auch das Wehn des Geistes zu verstehn, er eint uns immerfort zum göttlichen Akkord. Millionenfacher Chor, die Kirche tritt hervor, stimmt dem, der singen kann, das Lied des Friedens an.

Nach dem Lied: Je crois en dieu, qui chante
Autor unbekannt

Kirche

Macht
Herrschaft
Bevormundung

bei euch soll es
anders sein

überzeugt einander
sorgt füreinander
dient miteinander

seid Gottes Lebenszeichen
in der Welt

Leben spüren

Welche Bedeutung hat für dich die Kirche? Kennst du Orte, wo du in der Kirche Gemeinschaft erleben kannst?

Kennst du Menschen, mit denen du über deinen Glauben, deine Glaubensfragen und Erfahrungen reden kannst?

Segensgebet

Guter Gott,

Ich danke dir für alle Menschen, die mich mit dem Glauben an dich vertraut gemacht haben.
Ich danke dir für alle, die mich trösten und begleiten.
Ich danke dir, dass ich glauben darf.

Segne meinen Tag mit Augenblicken tiefer Dankbarkeit, bitte segne mich Vater, Sohn und Heiliger Geist. Amen.

Mit Maria glauben

Die Bibel beschreibt Maria als Mensch, der nachdenkt über sich und über die Dinge, die geschehen. Sie urteilt nicht vorschnell, sie wartet ab, denkt über Ereignisse nach und versucht das Geschehene zu verstehen. Mit Maria glauben kann heißen, sich diese Haltung zu eigen zu machen. Mit einem wachen Gespür für die Gegenwart Gottes die Herausforderungen meines Lebens annehmen, reflektieren und bestehen.

Biblisch glauben

Maria aber bewahrte alles, was geschehen war, in ihrem Herzen und dachte darüber nach.

Lukas 2,19

Lukas 2,51; Apostelgeschichte 1,12-14;
Lukas 2,25-35; Johannes 19,25-26

Nachdenklich Glauben

MARIA

Leben im Augenblick
Leben in Begegnung
Leben aus Gott.

Leben spüren

Wenn du möchtest, bete heute ein Gesätz des Rosenkranzes. (Anleitung hierfür siehe www.liturgie.de/Rosenkranz)
Rosenkranz beten heißt, mit Maria dem Leben Jesu nachspüren. Welche Gedanken stellen sich ein, wenn du den Rosenkranz betest?

oder nach dem Vorbild Marias in die Stille gehen:
Maria aber bewahrte alles, was geschehen war, in ihrem Herzen und dachte darüber nach.

Lukas 2,19

Nimm dir heute Zeit, um still zu werden. In deinem Zimmer, in der freien Natur, wo immer du möchtest. Welche Gedanken und Gefühle beschäftigen dich?

Leben spüren

Genieße diesen freien Tag. Gönne dir etwas. Zum Beispiel ein liebevoll zubereitetes Essen, einen Ausflug, einen Kinobesuch oder einfach Spiel und Spaß mit Freunden.

Vielleicht kennst du junge Menschen in deiner Umgebung, die den Glauben intensiver leben möchten. Der Sonntag bietet für gemeinsame Unternehmungen gute Möglichkeiten. Kannst du dir vorstellen die Initiative zu ergreifen, andere anzusprechen, miteinander den Gottesdienst zu besuchen, anschließend noch ein wenig zusammenzusitzen bei einer Tasse Tee oder Kaffee? Nur Mut! Glauben braucht Gemeinschaft!

Hinweis: 4. Woche Sonntag » Gott berühren « siehe Seite 39 - 41.

Hinweise zum Autor

Joachim Kittel * 1965; Verwaltungsausbildung, Studium öffentliche Verwaltung, Caritaswissenschaft und katholische Theologie in Kehl und Freiburg im Breisgau. Von 2001 bis 2005 in der Jugendverbandsarbeit tätig als geistlicher Leiter der GCL-JM, seit 2001 Religionslehrer am Martin-Schongauer-Gymnasium in Breisach/Rhein.